Behördenkorrespondenz

Elisabeth Ruge

Behörden-korrespondenz

Musterbriefe · Anträge · Einsprüche

Völlig überarbeitet von
Holger Beitz

„Gewußt wie" in allen Lebenslagen – mit Rat und Wissen von FALKEN!
Fragen Sie Ihren Buchhändler.

ISBN 3 8068 0412 5

© 1991 by Falken-Verlag GmbH, 6272 Niedernhausen/Ts.
Umschlaggestaltung und Titelbild: Zembsch' Werkstatt, München
Formular S. 59–60 mit freundlicher Genehmigung der Hans-Soldan-Stiftung, Bocholder Straße 259, 4300 Essen 11
Die Ratschläge in diesem Buch sind vom Autor und vom Verlag sorgfältig erwogen und geprüft, dennoch kann eine Garantie nicht übernommen werden. Eine Haftung des Autors bzw. des Verlags und seiner Beauftragten für Personen-, Sach- und Vermögensschäden ist ausgeschlossen.
Satz: LibroSatz, Kriftel
Druck: Wiesbadener Graphische Betriebe GmbH, Wiesbaden

081277X161 514 1313

Inhalt

5

Behörden sind keine anonymen Instanzen

Der Schriftwechsel mit einer Behörde verursacht vielen von uns „Normalbürgern" Unbehagen. Behörde – dieser Begriff ist auch heute für uns oft noch ein Synonym für einen Irrgarten von Anordnungen und Vorschriften, in dem man sich nur schwer zurechtfindet. Jeder hat seine eigenen Erfahrungen, hat sich durch eine Vielzahl von Formularen und Formvorschriften durchgearbeitet, hat fassungslos vor dem verwirrenden „Amtsdeutsch" kapituliert.

Von solchen Überbleibseln des „Kanzleistils" sollte sich der aufgeklärte Bürger aber heute nicht mehr abschrecken lassen.

Die meisten Behörden haben die Amtsstuben weitgehend entstaubt und stehen den Bürgern mit Rat und Tat zur Seite. In den Behörden sitzen Menschen, deren Auftrag es ist, eng mit den Bürgern zusammenzuarbeiten und ihnen durch das komplizierte System behördlicher Aufgaben und Tätigkeiten hindurchzuhelfen. Niemand wird abgewiesen, wenn er um Rat fragt.

Eine kleine Hilfestellung bei Ihrem schriftlichen Kontakt mit Behörden soll Ihnen dieses Buch geben. Viele Dinge lassen sich heute rasch erledigen, indem man zum Telefonhörer greift und sie direkt im persönlichen Kontakt mit der Behörde abwickelt; für viele Vorgänge haben die Behörden heute verständliche Formulare entwickelt, deren Verwendung keine Mühe bereitet. Trotzdem wird die Briefform nicht aussterben, denn der Brief schafft einen Fall, auf den die zuständige Stelle reagieren muß.

An welche Stelle Sie sich in welcher Angelegenheit wenden können, erfahren Sie auf den folgenden Seiten. Vielleicht helfen Ihnen diese Hinweise, den Umgang mit Behörden etwas streßfreier zu gestalten.

Tips zur Briefgestaltung

Jeder Brief ist eine Visitenkarten des Briefschreibers. Der erste Eindruck wird geprägt durch die äußere Form des Briefes wie Papierformat, Papierqualität, Papierfarbe, Schrift, Lesbarkeit der Schrift, Einteilung des Textes, Anordnung der Absätze und Ausnutzung des Briefbogens.

Für die Gestaltung von Briefen haben sich bestimmte Regeln herausgebildet. Für Geschäftsbriefe sind diese in der „DIN 5008", den „Regeln für das Maschinenschreiben" des Deutschen Instituts für Normung e. V., festgelegt. (Diese Norm kann über den Buchhandel bezogen werden.)

Aber auch für den privaten Bereich und unsere Korrespondenz mit den Behörden bietet es sich an, daß wir uns an diese Norm anlehnen, denn sie schafft ein ansprechendes Briefbild. Hier nun einige Grundregeln für die Briefgestaltung:

Abstände und Ränder

Ein Brief sollte nicht von oben bis unten vollgeschrieben werden; jede Seite ist nur einseitig zu beschreiben. Oben und unten sollten Abstände frei bleiben. Auf der linken Seite des Briefes sollte ein Heftrand eingeplant werden. Wenn Sie mit der Schreibmaschine schreiben, beträgt der Abstand zehn Anschläge vom linken Rand (Grad 10), bei handgeschriebenen Briefen etwa 2,5 cm.

Absätze

Gliedern Sie Ihre Briefe in sinnvolle Absätze! Das erleichtert dem Leser die Informationsaufnahme, der Inhalt wird übersichtlicher, die Bearbeitung leichter. Beispiel für einen normgerecht gestalteten Brief:

Erich Holtberg   Hamm, 12. 02. 1989
Marsstr. 12
4700 Hamm 1
Tel. (0 23 81) 5 21 62

Einschreiben

Stadt Hamm
Grünflächenamt
Postfach 00 00 00

4700 Hamm 1

Neue Baumsatzung

Sehr geehrte Damen und Herren,

aus der Zeitung habe ich erfahren, daß für das Stadtgebiet der Stadt
Hamm vom 01. 01. 1989 an eine neue Baumsatzung gültig geworden ist.
Vor meinem Haus stehen zwei große Birken, die uns das Licht in unse-
rem Wohnzimmer und unserer Küche fast vollständig nehmen. Diese
beiden Bäume möchte ich gerne abholzen; die Stämme haben einen
Umfang von je ca. 35 cm. Als Ersatz für diese Bäume möchte ich zwei
Obstbäume an einer anderen Stelle auf meinem Grundstück anpflanzen.
Bitte teilen Sie mir mit, ob mein Vorhaben nach der neuen Baumord-
nung erlaubt ist.

Freundliche Grüße
(Unterschrift)

9

Absender und Anschrift

Das Briefbeispiel zeigt, an welcher Stelle Absender und Anschrift auf dem Brief-
bogen zu plazieren sind. Wählen Sie diese Form der Anordnung, können Sie
auch Fensterbriefumschläge benutzen. Damit sparen Sie sich ein zweimaliges
Schreiben der Anschrift.

Wenn die Bezeichnung der Versendungsart fortfällt, müssen Sie dafür eine Leerzeile freilassen; die Anschrift würde dann in der 15. Zeile des Briefes beginnen.

Bei Briefen ins Ausland ist das Bestimmungsland anzugeben. Bei Postsendungen
in Länder, die ebenfalls Postleitzahlen eingeführt haben, wird das internationale
Kfz-Kennzeichen vor die ausländische Postleitzahl gesetzt:

CH-3000 Bern

Bei Briefen in Länder, die keine Postleitzahl eingeführt haben, wird das
Bestimmungsland nach einer Leerzeile unter den Bestimmungsort gesetzt.

Die Bezeichnung „Frau" oder „Herrn" wird unmittelbar vor dem Namen in eine
Zeile gesetzt:

Herrn Horst Meier

Ist ein Titel zu ergänzen, schreibt man:

Herrn Kulturdezernent
Horst Meier

Bezeichnungen wie „An Firma" werden nicht mehr geschrieben. Besteht der Fir-
menname nur aus dem Namen des Besitzers, sollte man einen Zusatz verwenden, aus dem ersichtlich ist, daß ein Unternehmen angeschrieben wird:

Holzhandel Erich Fritz

Ist das angesprochene Unternehmen aber durch einen Zusatz gekennzeichnet,
kann die Unternehmensbeschreibung wegfallen:

Erich Fritz GmbH
(nicht: Holzhandel Erich Fritz GmbH)

Schreibt man eine Person an, sollte man nicht auf die Anrede „Frau" oder „Herrn"
und auf die Angabe des Vornamens verzichten:

Herrn Volker Greiner
(nicht: Volker Greiner oder Herrn Greiner)

Abkürzungen von Vornamen oder Geschäftsbezeichnungen wirken oft lieblos
und sind daher nicht angebracht. Ausnahme: Titel wie „Dr." können in der
Anschrift abgekürzt werden. Das gilt jedoch nicht bei der Anrede: Hier ist es
angebracht, auch diesen Titel auszuschreiben:

„Sehr geehrter Herr Doktor Meier".

Weitere Beispiele für Anschriften:

Stadt Dortmund
Kulturdezernat
z. H. Herrn Horst Meier
Postfach 00 00 00

4600 Dortmund 1

Herrn Horst Meier
Stadt Dortmund
Kulturdezernat
Postfach 00 00 00

4600 Dortmund 1

Herrn Generaldirektor
Dipl.-Kfm. Horst Müller
Exakta Versicherungen
Postfach 11 11 11

4750 Unna 10

Ort und Datum

Zum Datum gehören Ort und Tag. Das Datum wird in der Reihenfolge Tag –
Monat – Jahr durch Punkte gegliedert. Es wird heute fast ausschließlich in Ziffern,
und zwar in der numerischen Schreibweise immer zweistellig angegeben:
Bremen, 02. 04. 89
Bremen, 02. 04. 1989
Bremen, 2. Sept. 1989
Im englischsprachigen Ausland hat sich auch eine andere Schreibweise einge-
bürgert. Hier ist häufig die Reihenfolge Jahr – Monat – Tag üblich:
London, 89–04–02

Das Datum schreibt man auf Höhe der Absenderangaben an den rechten Rand:
Metern AG
Postfach 2020
9876 Kummern   03. 05. 89

Betreff

Der Betreff wird heute nicht mehr durch das vorgedruckte oder geschriebene Wort (Betr.) eingeleitet. Der Betreff ist eine stichpunktartige Inhaltsangabe: Der Empfänger soll auf einen Blick am Anfang des Briefes erkennen, worum es geht. Die Betreffzeile wird heute nicht mehr unterstrichen.
Im Betreff kann gleichzeitig das Aktenzeichen angegeben werden. Bei längerem Text empfiehlt es sich aber, das Aktenzeichen nach einer Leerzeile in eine neue Zeile unter die Betreffzeile zu schreiben.

Magistrat der Stadt Wiesbaden
Bauaufsichtsamt
Postfach 00 00 00

6200 Wiesbaden

Bauliche Veränderung, Aktenzeichen II/A 33 768

oder:

Magistrat der Stadt Wiesbaden
Bauaufsichtsamt
Postfach 00 00 00

6200 Wiesbaden

Antrag auf Genehmigung eines Erweiterungsanbaus am Haus Marderweg 25, Eigentümer Eheleute Helga und Horst Horstmann

Aktenzeichen I/A 44 798

Anreden und Briefschluß

Schreiben Sie an eine Behörde, in der Sie Ihren direkten Ansprechpartner nicht kennen, sollten Sie die Anrede
Sehr geehrte Damen und Herren
verwenden. Diese Anrede ist höflich und korrekt.
Wenn Sie im weiteren Schriftwechsel die Sachbearbeiterin oder den Sachbearbeiter kennen, sollten Sie die Frau oder den Mann persönlich anreden:
Sehr geehrte Frau Goldmann
Sehr geehrter Herr Goldmann
Folgende Regeln sind noch zu beachten:
1. Nach der Anrede steht ein Komma (das Ausrufezeichen ist veraltet), daher wird das erste Wort im Brieftext klein geschrieben.
2. Die Anrede Fräulein wird nicht mehr verwendet, es sei denn, die Dame legt ausdrücklichen Wert darauf.
3. Die Bezeichnungen „Frau" und „Herr" werden nicht abgekürzt.
Achten Sie darauf, ob die Person, die Sie anschreiben, einen Titel hat. Titel sind Bestandteile des Namens und gehören daher in die Anschrift und in die Anrede, also zum Beispiel „Sehr geehrter Herr Doktor, sehr geehrter Herr Professor"; die Namen fügt man in der Anrede im allgemeinen nicht hinzu.
Die Verwendung von Titeln hat sich heute weitgehend liberalisiert: Einfache akademische Grade werden heute häufig nicht mehr in die Anrede aufgenommen, also nicht „Sehr geehrter Herr Diplomkaufmann". In der Anschrift jedoch sollten auch diese Titel nicht fehlen.
Die gebräuchlichste Schlußformel lautet „Mit freundlichen Grüßen". Sie wird stets eine Leerzeile unterhalb der letzten Zeile des Brieftextes an den linken Begrenzungsrand gesetzt. Alternative Grußformeln sind: „Freundliche Grüße", „Mit freundlichem Gruß".
Die Unterschrift wird 3 Leerzeilen unter die Schlußformel oder die Firmenbezeichnung geschrieben. Falls diese für den Empfänger unleserlich sein könnte, sollte der Name eine Leerzeile unter der Unterschrift mit der Schreibmaschine wiederholt werden. Akademische Grade oder Titel werden in der Unterschrift nicht aufgeführt.

Anlagen

Anlagen haben oft einen Dokumentationswert, besonders wenn es sich um Originale handelt. Beigefügte Unterlagen erwähnt zu haben kann von Vorteil sein, wenn diese vom Empfänger verlegt worden sind. Eine Leerzeile unter der Unterschrift oder der Namenswiederholung schreibt man den Anlagevermerk. In der Regel werden die Anlagen an die Fluchtlinie (linker Briefrand) gesetzt. Bei Platzmangel können diese aber auch auf Grad 50 (ca. 10,5 cm eingerückt) beginnen.

Heute braucht der Anlagevermerk nicht mehr unterstrichen zu werden. Statt die Anlagen einzeln aufzuführen, ist es auch ausreichend, die Anzahl der Anlagen anzugeben:

<u>2 Anlagen</u>

<u>Anlagen</u>
Mietvertrag
Kündigung

<u>3 Anlagen</u>

Besondere Anreden

Briefe an Bundesbehörden bleiben des öfteren in der Schublade liegen, weil der Absender unsicher darüber ist, wie die Anschrift oder die Anrede lauten soll: Wie schreibt man an einen Bundesminister oder gar an die höchste Stelle im Staat, den Bundespräsidenten? Dazu einige Beispiele:

Bundesregierung und Landesregierungen
An das Amt des Bundespräsidenten:
Adresse: Bundespräsidialamt
         5300 Bonn
Anrede: Sehr geehrte Damen und Herren,
Schluß: Mit freundlichen Grüßen

An den Bundespräsidenten:
Adresse: Herrn Bundespräsident der Bundesrepublik Deutschland
         (Vor- und Zuname)
         Kaiser-Friedrich-Straße 16
         5300 Bonn
Anrede: Sehr geehrter Herr Bundespräsident
Schluß: Mit freundlichen Grüßen

Präsident des Bundestags oder Bundesrats
Adresse: Präsident des Deutschen Bundestags (Bundesrats)
         Herrn (Vor- und Zuname)
Anrede: Sehr geehrte(r) Herr Präsident (Frau Präsidentin)
Schluß: Mit freundlichen Grüßen

An das Bundeskanzleramt:
Adresse: Bundeskanzleramt
         5300 Bonn
Anrede: Sehr geehrte Damen und Herren
Schluß: Mit freundlichen Grüßen

An den Bundeskanzler:
Adresse: Herrn Bundeskanzler der Bundesrepublik Deutschland
         (Vor- und Zuname)
         Konrad-Adenauer-Allee 41
         5300 Bonn
Anrede: Sehr geehrter Herr Bundeskanzler
Schluß: Mit freundlichen Grüßen

An Bundesminister:
Adresse: Herr (Frau) Bundesminister(in) für Bildung und Wissenschaft
         (Vor- und Zuname)
Anrede: Sehr geehrte Frau Minister (Bundesminister)
         Sehr geehrter Herr Minister (Bundesminister)
Schluß: Mit freundlichen Grüßen

Frauen in Ministerämtern spricht man heutzutage auch an als:
Frau Bundesministerin oder Frau Ministerin

Ministerien
Bundesminister für Arbeit und Sozialordnung
    – des Auswärtigen
    – für besondere Aufgaben
    – für Bildung und Wissenschaft
    – für Ernährung, Landwirtschaft und Forsten
    – der Finanzen
    – für Forschung und Technologie
    – des Inneren
    – für innerdeutsche Beziehungen
    – für Jugend, Familie und Gesundheit
    – der Justiz
    – für das Post- und Fernmeldewesen
    – für Umwelt, Naturschutz und Reaktorsicherheit
    – für Raumordnung, Bauwesen und Städtebau
    – für Verkehr
    – der Verteidigung
    – für Wirtschaft
    – für wirtschaftliche Zusammenarbeit

Länderbehörden

Der oberste Chef eines Bundeslandes ist der Ministerpräsident bzw. die Ministerpräsidentin.

Die Anrede lautet:
Sehr geehrter Herr Ministerpräsident oder
Sehr geehrte Frau Ministerpräsidentin.

Ihm unterstellt sind die Landesminister. In der Anrede heißt es:
Sehr geehrte Frau Ministerin (Landesministerin) oder
Sehr geehrter Herr Minister (Landesminister).

Ausnahmen bilden Bremen, Berlin und Hamburg. Als Stadtstaaten werden sie von dem „Präsidenten des Senats" oder auch dem „Ersten Bürgermeister" regiert. In Berlin liegt die Führung beim „Regierenden Bürgermeister von Berlin".

Die Anschriften:
Herrn (Vor- und Zuname)
Regierender Bürgermeister der Stadt Berlin

Herrn (Vor- und Zuname)
Erster Bürgermeister der Freien Hansestadt Hamburg

Herr (Vor- und Zuname)
Präsident des Senats der Freien Hansestadt Bremen

Die Anreden lauten:
Sehr geehrter Herr Präsident (Bremen) oder
Sehr geehrter Herr Bürgermeister (Berlin, Hamburg)

In den Stadtsenaten spricht man nicht von Landesministern, sondern von Senatoren. Der Brief beginnt mit
Sehr geehrter Herr Senator.

Ein unpersönliches Schreiben an ein Landesministerium wird folgendermaßen adressiert:
Bayerisches Staatsministerium für Unterricht und Kultur oder
Landesministerium des Innern des Landes Hessen.

Stadt

An einen Bürgermeister oder Stadtdirektor wendet man sich so:
Oberbürgermeister der Stadt Dortmund
Herrn (Vor- und Zuname)

oder
Oberbürgermeisterin der Stadt Hamm
Frau (Vor- und Zuname)

oder
Oberstadtdirektor der Stadt Köln
Herrn (Vor- und Zuname)

In der Anrede heißt es: „Sehr geehrter Frau Oberbürgermeisterin" oder „Sehr geehrter Herr Stadtdirektor". Am Briefschluß steht „Mit freundlichen Grüßen".

Diplomatische Vertretungen

Eng verbunden mit der Regierung eines Landes sind dessen diplomatische Vertretungen im Ausland, also die Botschaften, Gesandtschaften und Konsulate. Die deutschen Vertreter im Ausland werden korrekt angeschrieben:
Sehr geehrter Herr Botschafter,
Sehr geehrter Herr Gesandter,
Sehr geehrter Herr Generalkonsul,
Sehr geehrter Herr Konsul.

Wenn wir uns an ausländische diplomatische Vertreter in Deutschland wenden, sind die Anreden die gleichen.

Die Anschrift auf dem Briefumschlag lautet z. B.:
Herrn (Vor- und Zuname)
Botschafter der Bundesrepublik Deutschland

CH-5230 Bern

Herrn (Vor- und Zuname)
Generalkonsul der Bundesrepublik Deutschland

S-Stockholm

Ebenso schreiben wir an die ausländischen diplomatischen Vertretungen in Deutschland.
Am Briefschluß steht:
Mit freundlichen Grüßen
(Unterschrift)

Man sollte sich auch merken, daß zwar die deutschen Diplomaten nicht mehr wie vor 1918 als Exzellenz angesprochen werden, wohl aber noch die ausländischen! Sie dürfen auch „Herr Botschafter", „Herr Gesandter" etc. tituliert werden, höflicher (und deshalb lieber gesehen) ist es jedoch, auf den Briefumschlag „Seine Exzellenz" zu schreiben und sie in der Anrede als „Euer Exzellenz" zu bezeichnen.

Universitäten
Professoren:
Anschrift: **Frau Professorin (Vor- und Zuname)**
Frau Professorin Dr. (Vor- und Zuname)
Herrn Professor (Vor- und Zuname)
Herrn Professor Dr. (Vor- und Zuname)

Bei der Briefanrede fügt man den Namen nicht hinzu.
Anrede: **Sehr geehrte Frau Professorin**
Sehr geehrter Herr Professor

Leiter (Rektoren) einer Universität:
Anschrift: **Frau Professorin Dr. (Vor- und Zuname)**
Rektorin der Ruhr-Universität Bochum
Herrn Professor (Vor- und Zuname)
Rektor der Ruhr-Universität Bochum

Anrede: **Sehr geehrte Frau Rektorin**
Sehr geehrter Herr Rektor

Die Anreden „Euer Magnifizenz" und „Euer Magnifika" sind an deutschen Universitäten nicht mehr gebräuchlich.
Dekane:
Die ranghöchsten Beamten der Universitäten sind nach dem Rektor die Dekane. Früher hat man sie mit „Euer Spektabilität" angeredet, heute verwendet man jedoch lediglich die Bezeichnung „Dekan", also „Sehr geehrte Frau Dekan", „Sehr geehrter Herr Dekan".

Andere akademische Grade:
Titel wie „Dozent", „Dr. habil." und „Privatdozent" erscheinen in Briefen nur in der Anschrift, nicht aber in der Anrede. Also:

Herrn Privatdozent Dr. jur. Gabler (Anschrift)
Sehr geehrter Herr Doktor Gabler (Anrede)

Die Anrede „Herr Doktor", ohne den Namen zu nennen, ist umgangssprachlich und sollte in Briefen nicht benutzt werden. Zur Unterscheidung der verschiedenen Doktortitel gibt es weitere Abkürzungen. Hier ein Überblick über die wichtigsten Abkürzungen und deren Bedeutung:

Dr. agr.	Doktor der Landwirtschaft
Dr. rer. agr.	Doktor der Landwirtschaft und der Bodenkultur
Dr. E. h.	Ehrendoktor der Ingenieurwissenschaften
Dr. forest.	Doktor der Forstwissenschaften
Dr. h. c.	Ehrendoktor
Dr. h. c. mult.	mehrfacher Ehrendoktor
Dr.-Ing.	Doktoringenieur
Dr. jur.	Doktor der Rechte
Dr. jur. utr.	Doktor beider Rechte
Dr. med.	Doktor der Medizin
Dr. med. dent.	Doktor der Zahnmedizin
Dr. med. vet.	Doktor der Tiermedizin
Dr. oec.	Doktor der Wirtschaftswissenschaft
Dr. rer. oec.	Doktor der Wirtschaftswissenschaften
Dr. oec. publ.	Doktor der Staatswissenschaft, der Volkswissenschaft
Dr. sc. pol.	Doktor der Sozialwissenschaft, der Staatswissenschaft, der Volkswissenschaft
Dr. rer. pol.	Doktor der Staatswissenschaft, der Volkswissenschaft
Dr. paed.	Doktor der Pädagogik
Dr. phil.	Doktor der Philosophie, Philologie
Dr. phil. nat.	Doktor der Naturwissenschaft
Dr. rer. nat.	Doktor der Naturwissenschaften
Dr. rer. hort.	Doktor der Gartenbauwissenschaft
Dr. rer. mont.	Doktor der Bergbauwissenschaften
Dr. rer. techn.	Doktor der technischen Wissenschaften
Dr. sc. techn.	Doktor der technischen Wissenschaften
Dr. theol.	Doktor der Theologie

Schule und Schulverwaltung

Neben seiner Berufsbezeichnung trägt der Lehrer manchmal einen akademischen Grad. In der Anschrift werden beide Titel erwähnt, in der Anrede genügt einer der beiden. Beispiele:

Anschrift: Herrn Oberstudiendirektor
           Dr. phil. Felix Krause
Anrede: Sehr geehrter Herr Oberstudiendirektor oder
           Sehr geehrter Herr Doktor
Schluß: Mit freundlichen Grüßen

Anschrift: Herrn Rektor Erich Meier
Anrede: Sehr geehrter Herr Rektor
Schluß: Mit freundlichen Grüßen

Anschrift: Herrn Studienrat Egon Ehrlich
Anrede: Sehr geehrter Herr Studienrat
Schluß: Mit freundlichen Grüßen

Anschrift: Herrn Holger Berg
           Lehrer an der Elisabethschule Unna
Anrede: Sehr geehrter Herr Berg
Schluß: Mit freundlichen Grüßen

Bei höheren Beamten der Schulverwaltung sollte man die Amtsbezeichnung hinzusetzen:

Anschrift: Frau Regierungsschuldirektorin
           Elisabeth Müller
Anrede: Sehr geehrte Frau Regierungsschuldirektorin
Schluß: Mit freundlichen Grüßen

Justiz

Bei Richtern, Staatsanwälten und Anwälten gebraucht man in Anschrift und Anrede die Amtsbezeichnung:

Anschrift: Herrn Dr. Müller
           Richter am Amtsgericht Hamm
Anrede: Sehr geehrter Herr Doktor Müller
           Sehr geehrter Herr Richter
Schluß: Mit freundlichen Grüßen

Anschrift: Frau Staatsanwältin Erika Berger
Anrede: Sehr geehrte Frau Staatsanwältin
Schluß: Mit freundlichen Grüßen

Anschrift: Herrn Rechtsanwalt Michael Sträter
Anrede: Sehr geehrter Herr Rechtsanwalt
Schluß: Mit freundlichen Grüßen

Kirchliche Ämter

Das Haupt der Katholischen Kirche ist der Papst. Ein an ihn persönlich gerichtetes Schreiben wird adressiert:
Seiner Heiligkeit
Papst...
Vatikanstadt

Rom

Im Brief wird der Papst mit „Euer Heiligkeit" angeredet, auch „Heiliger Vater" ist richtig. Beendet wird das Schreiben mit den Worten: „Um den Segen Euer Heiligkeit bittet..."
Die Kardinäle sind „Eminenzen" oder auch „Hochwürdige Eminenzen". Die Patriarchen, die Primasse (Plural von Primas = „der Erste, Vornehmste") und Erzbischöfe werden mit „Exzellenz" angesprochen oder auch „Eminenz".
Zum Beispiel:
Seiner Eminenz (Exzellenz)
dem Hochwürdigsten Herrn Erzbischof...

5000 Köln

Für Bischöfe lautet die Anrede „Bischöfliche Gnaden" oder „Bischöfliche Hochwürden". Der Brief schließt mit der Formel: „Mit freundlichen Grüßen".
Der Nuntius ist ein kirchlicher Gesandter, in all den Ländern anzutreffen, die diplomatische Beziehungen zum Vatikan unterhalten. Ein Nuntius kann Kardinal sein, aber auch Erzbischof oder Bischof. In jedem Fall ist die Anrede „Exzellenz" korrekt. Im Brief lautet die Anrede also stets „Euer Exzellenz".
Die Anschrift lautet:
Seiner Exzellenz
dem Päpstlichen Nuntius

Wenn ein Abt nicht nur einem Kloster vorsteht, sondern darüber hinaus ein Landgebiet regiert, das dem Papst untersteht, wird er mit seinem Namen angesprochen, vor den wir statt „Herr" aber „Monsignore" setzen. Im Brieftext wird Monsignore ausgeschrieben; auf dem Umschlag darf mit Mgr. abgekürzt werden.

Pfarrer, Kapläne, Vikare und Patres werden mit ihrem Titel angesprochen. Bei der Adresse wird der Name hinzugefügt, nicht aber in der Anrede:

Anschrift: **Herrn Pfarrer Müller**
　　　　　St. Liborius Pfarrei Hamm
Anrede: **Sehr geehrter Herr Pfarrer**
Schluß: **Mit freundlichen Grüßen**

Die Äbtissin, Vorsteherin eines Klosters oder Stiftes, wird angeschrieben:

Anschrift: **Hochwürdige Äbtissin**
　　　　　Kloster...
Anrede: **Hochwürdige Frau Äbtissin**
　　　　　Sehr geehrte Frau Äbtissin
Schluß: **Mit freundlichen Grüßen**
　　　　　Ihre sehr ergebene...

Ordensschwestern und -brüder erhalten von der Kirche einen Namen, der mit ihrem Taufnamen nicht übereinstimmt. Mit diesem Namen werden sie auch angesprochen:

Anschrift: **Bruder Christopherus**
　　　　　Kloster...
Anrede: **Sehr geehrter Bruder Christopherus**
Schluß: **Mit freundlichen Grüßen**

In der evangelischen Kirche wird die Amtsbezeichnung vor dem Namen gesetzt:

Anschrift: **Herrn Landesbischof Max Heidel**
Anrede: **Sehr geehrter Herr Bischof**
Schluß: **Mit freundlichen Grüßen**

Anschrift: **Herrn Superintendent Karl Meier**
Anrede: **Sehr geehrter Herr Superintendent**
Schluß: **Mit freundlichen Grüßen**

Anschrift: **Frau Pastorin Andrea Fink**
Anrede: **Sehr geehrte Frau Pastorin**
Schluß: **Mit freundlichen Grüßen**

Übrigens: Weder in der evangelischen noch in der katholischen Kirche werden Geistliche heute in der dritten Person angeredet, sondern stets mit „Sie".

Briefkonzept und Stil _____

Friedrich Nietzsche hat einmal gesagt: „Den Stil verbessern – das heißt den Gedanken verbessern und nichts weiter!" Oder mit den Worten eines altgedienten Pädagogen: „Erst denken, dann schreiben!" Überlegen Sie sich also genau, was Sie sagen wollen, bevor Sie beginnen, einen Brief zu schreiben. Am besten macht man sich zunächst ein paar Stichworte und bringt diese dann in eine gedankliche Reihenfolge.

Bilden Sie Absätze! In einem Absatz solten Gedanken zusammengefaßt sein, die zu einem Thema gehören. Sie geben so dem Leser Orientierung, so daß er Ihre Gedanken besser nachvollziehen kann.

Beim Formulieren sollten Sie darauf achten, daß Ihre Gedanken leicht zu verstehen sind. Nichts ist ärgerlicher für einen Leser, als wenn er sich mühsam durch weitschweifige, verschachtelte Sätze durcharbeiten muß. Schreiben Sie Ihre Briefe kurz, knapp und präzise. Denken Sie des öfteren mal an Kurt Tucholskys Wort „Wat jestrichen is, kann nich durchfallen".

Unverständliche Briefe machen häufig Rückfragen erforderlich. Das kostet Zeit und Geld, und meistens verursacht es auch eine Menge Ärger.

Schreiben Sie so, wie Sie sprechen, also nicht gekünstelt und hochgestochen. Vermeiden Sie es, zu viele Substantive in einem Satz unterzubringen. Also nicht: Ich bitte Sie, die Überweisung des Betrages auf mein Konto durchzuführen, sondern: Bitte überweisen Sie mir den Betrag auf mein Konto.

Es gibt Situationen, da würde man mit dem Empfänger, an den man einen Brief schreiben muß, lieber in den Ring gehen und dort den Sachverhalt klären. Wer in solchen Situationen seine Emotionen nicht im Zaume halten kann, sollte sich ruhig seinen Ärger von der Seele schreiben. Das ist sicherlich gut für die Gesundheit der Seele, den Brief wirft man dann allerdings besser in den Papierkorb.

Auch bei berechtigten Beanstandungen und in ärgerlichen Angelegenheiten gilt: Man erreicht in der Sache mehr, wenn man seine Argumente klar und pointiert, aber frei von verletzenden Äußerungen vorbringt. Dann ist der Empfänger gezwungen, auf die Sache zu reagieren und kann nicht auf andere Schlachtfelder ausweichen.

Schreiben Sie freundlich, aber nicht unterwürfig. In den Behörden und Institutionen sitzen „Menschen wie Du und Ich", die als Menschen angesprochen werden wollen, die mit sich reden lassen und keine Kniefälle von uns verlangen – diese Zeiten sind glücklicherweise vorbei.

Arbeitsamt

In Zeiten wirtschaftlicher Krisen und mangelnder Arbeitsplatzangebote kommen den Arbeitsämtern besonders wichtige Aufgaben zu. Arbeitsämter vermitteln aber nicht nur Arbeitsstellen, sie helfen auch, Schwierigkeiten in Arbeit und Beruf abzubauen und damit Zeit und Geld zu sparen, wenn man sie rechtzeitig und richtig in Anspruch nimmt.

In diesem Kapitel erfahren Sie einiges über die Möglichkeiten individueller Hilfe und Unterstützung durch das Arbeitsamt. Trotzdem kann nur ein grober Überblick über die vielfältigen Vermittlungs- und Beratungstätigkeiten gegeben werden.

Lassen Sie sich durch die zuständigen Fachdienste der Arbeitsämter beraten, bevor Sie Förderungs- oder Unterstützungsmaßnahmen beantragen. Dies ist schon deswegen ratsam, damit Ihnen keine Rechtsnachteile entstehen.

Berufliche Fortbildung

Die Bundesanstalt für Arbeit fördert die Teilnahme an beruflichen Bildungsmaß-nahmen, die geeignet sind, berufliche Kenntnisse und Fähigkeiten zu erhalten, zu erweitern oder sie der technischen Entwicklung anzupassen. Diese Maßnahmen setzen allerdings eine abgeschlossene Berufsausbildung oder zumindest eine angemessene Berufserfahrung voraus. Auskünfte erteilen die Arbeitsämter, die auf Anforderung die entsprechenden Antragsformulare zur Verfügung stellen. Dazu ein Beispiel:

Arbeitsamt Hamm
Berufsberatung
Postfach 00 00 00

4700 Hamm 1

Teilnahme an beruflichen Bildungsmaßnahmen

Sehr geehrte Damen und Herren,

seit drei Jahren arbeite ich als Geselle in der Heizungsinstallations-
branche. Für die berufliche Zukunft in diesem Berufszweig ist das
Thema „Durch neue Technik zu mehr Umweltfreundlichkeit" von
besonderer Bedeutung.
Deshalb möchte ich mich in den neuen Techniken fortbilden. Bitte
geben Sie mir Auskunft darüber, wie diese berufliche Fortbildung vom
Arbeitsamt unterstützt wird.

Freundliche Grüße
(Unterschrift)

Berufliche Umschulung

In den letzten Jahrzehnten hat sich die Berufswelt ständig verändert. Manch sicherer Arbeitsplatz ist vielleicht morgen schon gefährdet und hat keine Zukunft mehr. Doch die Veränderungen schaffen auch neue, oft bessere Arbeitsmöglichkeiten. Chancen zu einem neuen Einstieg ergeben sich aus Informationen, die das Arbeitsamt bereithält. Unter bestimmten Voraussetzungen kann beim Arbeitsamt der Antrag auf Umschulung gestellt werden. Welchen Bedingungen der einzelne unterliegt, welche Leistungen er in Anspruch nehmen kann, muß von Fall zu Fall geklärt werden.
Ein Beispiel:

Arbeitsamt Hamm
Berufsberatung
Postfach 00 00 00

4700 Hamm 1

Teilnahme an einer Umschulungsmaßnahme

Sehr geehrte Damen und Herren,

ich arbeite zur Zeit als Werkzeugmechaniker in einer Dreherei. Da ich bei der Arbeit häufig an starken Rückenschmerzen leide, habe ich einen Facharzt aufgesucht. Dieser riet mir nach eingehender Untersuchung, meinen Beruf zu wechseln, da mein Rücken den Belastungen auf Dauer nicht standhält.
Bitte beraten Sie mich, wie das Arbeitsamt eine berufliche Umschulung unterstützt.

Freundliche Grüße
(Unterschrift)

Erstattung von Kosten

Bewerbungskosten

Arbeitssuchende oder Berufsanwärter, die vom Arbeitsamt beraten oder vermittelt werden, können sich auf Antrag Kosten erstatten lassen, so zum Beispiel für die Anfertigung und die Versendung von Bewerbungsunterlagen. Für die Höhe der Erstattungsbeträge gibt es Grenzen, ebenso für die Fristen zum Einreichen der Unterlagen. Unter gewissen Voraussetzungen werden auch Reisekosten erstattet, die mit der Bewerbung zusammenhängen. Ist für die Reise eine Begleitperson notwendig – etwa bei einem Minderjährigen –, werden im Rahmen der Vorschriften auch diese Kosten übernommen.

Fahrtkostenbeihilfe

Für die tägliche Hin- und Rückfahrt zwischen Wohnung und Arbeitsstelle werden dem Arbeitssuchenden über einen gewissen Zeitraum hinweg Kosten erstattet – etwa wenn die Unterbringung des Arbeitnehmers unter den üblichen Bedingungen des Arbeitsmarktes erschwert ist.

Umzugskosten

Wenn der Umzug wegen einer auswärtigen Arbeitsaufnahme oder des Antritts eines Ausbildungsverhältnisses in einem fremden Ort erforderlich ist, können auf Antrag die Kosten für den Umzug sowie Reisekosten übernommen und eine Einrichtungsbeihilfe geleistet werden. Besondere Förderungsmaßnahmen gelten für das Land Berlin.

Beihilfen

Arbeitsausrüstung

Muß der Arbeitsuchende die Ausrüstung selbst stellen, die für seinen neuen Arbeitsplatz erforderlich ist, werden bestimmte Zuschüsse für Arbeitskleidung und Arbeitsgeräte gezahlt.

Trennungsbeihilfe

Ein Arbeitnehmer, dem eine Stelle vermittelt wurde, die vom Wohnsitz seiner Familie örtlich getrennt liegt, kann für einen gewissen Zeitraum eine Trennungsbeihilfe beantragen. Die Höhe des Trennungsgeldes richtet sich nach dem Arbeitsentgelt und wird nach einer Berechnungstabelle als Zuschuß gezahlt.

Überbrückungsbeihilfe

Arbeitsuchenden kann eine Überbrückungsbeihilfe in der Regel als Darlehen, im Ausnahmefall als Zuschuß gezahlt werden; damit soll der Lebensunterhalt des Arbeitnehmers und seiner Familie bis zur ersten vollen Lohn- und Gehaltszahlung sichergestellt werden. Mit der Überbrückungsbeihilfe können die Aufwendungen bestritten werden, die mit der Arbeitsaufnahme in Zusammenhang stehen.

Ausbildungsgeld für Behinderte
Arbeitsuchenden, die körperlich, geistig oder seelisch behindert sind und deren Aussichten auf Eingliederung in das Berufsleben vermindert sind, steht ein Zuschuß für berufsfördernde Maßnahmen zu.

Arbeitslosengeld und -hilfe

Arbeitslosengeld
Kann einem Arbeitslosen nicht sofort eine zumutbare Arbeit vermittelt werden, so erhält er unter bestimmten Voraussetzungen Arbeitslosengeld anstelle des Arbeitseinkommens. Auch Entwicklungshelfer, die innerhalb von zwei Jahren nach Beendigung des Entwicklungsdienstes arbeitslos werden, erhalten Arbeitslosenhilfe. Die Dauer hängt von der beitragspflichtigen Beschäftigung innerhalb der letzten drei Jahre ab. Voraussetzung für die Arbeitslosenunterstützung ist, daß man sich persönlich beim Arbeitsamt meldet.

Arbeitslosenhilfe
Wer arbeitslos ist und keinen Anspruch auf Arbeitslosengeld hat, kann unter bestimmten Voraussetzungen Arbeitslosenhilfe beantragen. Die Höhe der Arbeitslosenhilfe richtet sich nach einer Leistungstabelle, die vom Bundesminister für Arbeit und Sozialordnung erstellt ist. Die Arbeitslosenhilfe wird zeitlich unbegrenzt gezahlt, so lange die Voraussetzungen der Bedürftigkeit bestehen. Auch für diesen Antrag ist es notwendig, persönlich zum Arbeitsamt zu gehen.

Kindergeld

Personen, die ihren Wohnsitz oder ständigen Aufenthalt in der Bundesrepublik Deutschland haben, erhalten ohne Rücksicht auf ihre Staatsangehörigkeit vom 1. Kind an Kindergeld. Das Kindergeld wird abhängig vom Einkommen gezahlt. Genauere Informationen gibt Ihnen jedes Arbeitsamt. Zuständig für diese Fragen ist die Kindergeldkasse.
Kindergeld bekommen alle Kinder bis zum 18. Lebensjahr, die ehelich, für ehelich erklärt oder adoptiert sind; unter bestimmten Voraussetzungen auch Stiefkinder, nichteheliche Kinder, Pflege- und Enkelkinder sowie Geschwister des Anspruchsberechtigten. Auch Kinder, die nicht in der Bundesrepublik Deutschland wohnen, haben bei bestimmten Voraussetzungen Anspruch auf Kindergeld. Das gilt auch

für Kinder ausländischer Arbeitnehmer.

Kinder über 18 und bis zum 27. Lebensjahr werden nur berücksichtigt, so lange sie noch in der Schul- oder Berufsausbildung stehen oder wenn sie sich aus besonderen, im Bundeskindergeldgesetz näher bezeichneten Gründen ihren Lebensunterhalt nicht selbst verdienen können. Das Kindergeld ist bei dem Arbeitsamt zu beantragen, in dessen Bezirk Sie wohnen:

Arbeitsamt Hamm
Kindergeldkasse
Postfach 00 00 00

4700 Hamm 1

Kindergeld

Sehr geehrte Damen und Herren,

vor einer Woche haben wir unser erstes Kind bekommen. Bitte senden Sie uns ein Antragsformular für das Kindergeld zu.

Freundliche Grüße
(Unterschrift)

Fragen, die sich mit speziellen Problemen befassen und von den Arbeitsämtern vor Ort nicht umfassend beantwortet werden können, werden von den Landesarbeitsämtern oder der „Bundesanstalt für Arbeit" in Nürnberg bearbeitet.

Bundesbahn

Mit zunehmender Verbesserung der Verkehrsverbindungen ist die Deutsche Bundesbahn eine konkurrenzstarke Alternative zu Flugzeug, Schiff und Auto geworden. In den letzten Jahren hat die Bundesbahn viel für ihr Image getan: Der Service in den Zügen wurde verbessert, die Reisezeiten durch höhere Geschwindigkeiten reduziert.

Die Deutsche Bundesbahn bietet heute dem Fahrgast eine Reihe von Ermäßigungen an. Informationen über die neue Tarifstruktur und die vielen Sondertarife erhalten Sie an Ihrem Fahrkartenschalter vor Ort.

Nicht jeder mag unterwegs auf seinen eigenen Wagen verzichten. Er kann sein Auto im Autoreisezug mitnehmen. Das ist vor allem in der Hauptreisezeit eine gute Alternative zu den überfüllten Straßen und Autobahnen. Wollen Sie sich nach der Bahnfahrt sportlich trimmen, können Sie ein Fahrrad an vielen Bahnhöfen bestellen. Hier können aber nicht alle Dienstleistungen der Bahn aufgezeigt werden. In jedem Fall empfiehlt es sich jedoch, rechtzeitig vor der Fahrt Plätze zu reservieren. Das macht man am besten sofort beim Fahrkartenkauf am Schalter.

Nicht ausgenutzte Fahrkarte

Wer seine Fahrkarte nicht ausnutzt, kann sich den Fahrpreis erstatten lassen. Dazu wenden Sie sich am besten umgehend an den Fahrkartenschalter des nächstgelegenen Bahnhofs. Dort wird man Ihnen gerne Auskunft geben, wie im Einzelfall zu verfahren ist.

Verwechselte Gepäckstücke

Es kommt vor, daß ein Gepäckstück verwechselt wird. Wer beim Verlassen des Zuges einen falschen Koffer mitnimmt, sollte ihn sofort beim Bahnhofsvorsteher abgeben und Antrag auf Rückgabe seines eigenen Koffers stellen, der ja nun ohne ihn weiterreist.

Bemerkt man den Irrtum erst später, muß der Koffer unverzüglich zum Bahnhof zurückgebracht werden. Eine schriftliche Erklärung und die Einbehaltung des Koffers sind nicht statthaft. Bei der Rückgabe des versehentlich mitgenommenen Gepäckstücks können Sie einen Antrag ausfüllen, das heißt, Sie geben dann eine Erklärung Ihres Irrtums ab und bitten zugleich darum, daß Ihr eigener Koffer zugestellt wird.

Verlust eines Gepäckstücks

Ein Koffer wurde aufgegeben und ging verloren. In diesem Fall schreiben Sie an die betreffende Stelle und legen den Gepäckschein bei, aus dem hervorgeht, wann und wo der Koffer aufgegeben wurde.
Beispiel:

Bundesbahndirektion Essen
Postfach 00 00 00

4300 Essen

Verlust meines Koffers, Gepäckschein Nummer 1111

Sehr geehrte Damen und Herren,

am 14. 04. 19.. habe ich im Bahnhof Essen einen braunen Lederkoffer aufgegeben. Zielort: München. Dieser Koffer hat bis heute seinen Zielort nicht erreicht. Bitte stellen Sie noch einmal intensive Nachforschungen an.

Freundliche Grüße
(Unterschrift)

Anlage
Gepäckschein

Am sichersten ist es natürlich, wenn Sie den Koffer versichern lassen. Auskünfte erteilt Ihnen hier die Gepäckabfertigung in jedem Bahnhof.

Wer einen Koffer, Regenschirm oder etwas anderes im Abteil zurückläßt, muß sofort reklamieren, nachdem er seinen Verlust bemerkt hat. Zu diesem Zweck wenden Sie sich an das jeweilige Fundbüro der Bundesbahn:

Hauptbahnhof Köln
Fundbüro
Postfach 00 00 00

5000 Köln

Verlust meiner Handtasche

Sehr geehrte Damen und Herren,

am Freitag, den 13. 05. 19 .., habe ich im Intercity München–Köln meine Handtasche vergessen.
Ich bin im Wagen Nr. 24, Platz Nr. 6 gereist (siehe beigefügte Platzkarte). Reiseantritt: München 6.05 Uhr, Reiseende: Köln 12.10 Uhr.
Die Beschreibung meiner Handtasche: (Genaue Beschreibung)
Der Inhalt: (Genaue Angabe des Inhalts)
Wenn die Handtasche bei Ihnen abgegeben wurde, bitte ich Sie, mir mitzuteilen, wann und wo ich sie abholen kann. Vielen Dank.

Freundliche Grüße
(Unterschrift)

Anlage
Platzkarte

Gepäck von Haus zu Haus

Auf längeren Strecken möchte der Reisende am liebsten ohne Gepäck reisen und auf das lästige Koffertragen oder Koffereinstellen in Schließfächern verzichten, wenn er umsteigen muß oder seine Reise für einen kurzen Abstecher unterbrechen will.
In diesem Fall kann er den Haus-zu-Haus-Dienst der Deutschen Bundesbahn in Anspruch nehmen. Dann wird der Koffer zum gewünschten Zeitpunkt zu Hause abgeholt und zur angegebenen Adresse befördert. Der Antrag sollte beim

betreffenden Bahnhof rechtzeitig gestellt werden – das kann auch telefonisch geschehen –, damit Sie Ihren Koffer beim Eintreffen möglichst schon vorfinden.

Beschwerden

Obwohl sich in den letzten Jahren der Service der Bundesbahn verbessert hat, kann es gelegentlich doch einmal Anlaß zur Beschwerde geben. Läßt sich die Angelegenheit vor Ort nicht regeln, beschwert man sich schriftlich bei der zuständigen Bundesbahndirektion:

Bundesbahndirektion Essen
Postfach 00 00 00

4300 Essen

Beschwerde über den Zugbegleiter Herrn Helmut Rosenbaum

Sehr geehrte Damen und Herren,

am Mittwoch, den 15. 06. 19.., reiste ich von Essen nach Hamburg im Intercity. Reiseantritt Essen: 11.07 Uhr, Ankunft in Hamburg: 14.37 Uhr. Da ich mich noch auf eine Besprechung vorbereiten wollte, habe ich mir zur Sicherheit einen Sitzplatz (siehe beigefügte Platzkarte) reservieren lassen. Im Zug eingestiegen, mußte ich leider feststellen, daß mein Platz besetzt war.
Da der Mitreisende nicht zu bewegen war, den Platz zu räumen, suchte ich den Schaffner, Herrn Rosenbaum, auf und bat ihn um Hilfe. Dieser wies mich jedoch kalt ab und sagte, ich könne mich ja woanders hinsetzen, es seien ja noch genug Plätze frei. Ich solle mich man bloß nicht so anstellen. Dann wendete er sich anderen Mitreisenden zu und ließ mich stehen. Zeuge: Frau Emma Weichert, Mövenweg 10, 2343 Meisenhain. Ich bitte Sie, dieser Sache nachzugehen.

Mit freundlichen Grüßen
(Unterschrift)

Bahnhofsmission

Es kommt vor, daß Familienangehörige sich um einen Reisenden Sorgen machen, der aus irgendwelchen Gründen gehandikapt ist – etwa durch ein körperliches oder geistiges Leiden, oder er ist sehr alt oder noch ein Kind. Für ihn könnte zumindest das Umsteigen beschwerlich oder kompliziert werden. In solchen oder ähnlichen Fällen kann die Deutsche Bahnhofsmission helfen. Ihre Dienststellen sind in den Räumen der Deutschen Bundesbahn untergebracht, sie sind in allen größeren Bahnhöfen zu finden. Die Bahnhofsmission arbeitet eng mit der Bundesbahn zusammen, ist jedoch von ihr unabhängig. Verantwortliche Träger der Arbeit sind das Diakonische Werk und der Caritas-Verband. Um Hilfe bitten könnte zum Beispiel jemand aus folgendem Anlaß:

Hauptbahnhof Frankfurt
Bahnhofsmission
Postfach 00 00 00

6000 Frankfurt am Main 1

Bitte um Hilfe für Frau Theresie Nolte

Sehr geehrte Damen und Herren,

unsere Mutter, Frau Theresie Nolte, wird am 15. 05. 19.. nach Hamburg reisen, um meinen Bruder zu besuchen.
Wir sind etwas in Sorge um unsere Mutter, denn sie hat schon lange keine Bahnreise mehr alleine gemacht. Bedingt durch ihr Alter, sie ist 82 Jahre alt, kann sie nicht mehr so gut laufen. Deshalb hat sie Angst, daß sie in Frankfurt den Anschlußzug verpaßt. Leider kann sie keiner von uns begleiten.
Unsere große Bitte an Sie: Könnten Sie unserer Mutter beim Umsteigen helfen? Sie wird um ca. 11.05 Uhr mit dem D-Zug aus Augsburg in Frankfurt eintreffen. Wagen- und Platzkartennummer und ein Bild werden wir Ihnen rechtzeitig zuschicken. Wir werden aber auch das Zugpersonal informieren, so daß Sie unsere Mutter mit Sicherheit nicht verfehlen können. Vielen Dank für Ihre Hilfe!

Freundliche Grüße
(Unterschrift)

Bundespost

Die Deutsche Bundespost, größter Arbeitgeber in Europa, trägt mit ihren vielfachen Diensten dazu bei, weltweite Kommunikationsmöglichkeiten zu gewährleisten. Zu den traditionellen Postdiensten der Brief- und Paketzustellung und des Fernmeldewesens ist heute der Bereich Telekommunikation hinzugekommen. Von den vielen Dienstleistungen, die die Post heute anbietet, können hier nur die wichtigsten genannt werden.

Telefon

Fernsprechanschlüsse: Telefonanschlüsse kann man schriftlich bei der Post am Wohnort beantragen:

Postdirektion Hamm
Fernmeldestelle
Postfach 00 00 00

4700 Hamm 1

Fernsprechanschluß

Sehr geehrte Damen und Herren,

für meine Wohnung, Luisenstr. 12 in 4700 Hamm 5, beantrage ich einen Telefonanschluß. Bitte schicken Sie mir Antragsformulare zu.

Freundliche Grüße
(Unterschrift)

Einfacher und schneller kommen Sie zu Ihrem Telefon, wenn Sie zum Postamt oder in den Telefonladen gehen, der in jedem größeren Ort vorhanden ist. Dort können Sie sich auch unter den verschiedenen Modellen, die die Post heute anbietet, „Ihr" Telefon aussuchen.

Wenn der Wohnungsvorgänger Ihnen ein beschädigtes Telefon hinterlassen hat, können Sie den Austausch des Apparats beantragen:

Postdirektion Hamm
Fernmeldestelle
Postfach 00 00 00

4700 Hamm 1

Fernsprechanschluß 00 00 00, Beschädigung des Telefons

Sehr geehrte Damen und Herren,

in meiner Wohnung, Münsterstr. 10 in 4700 Hamm 4, fand ich nach meinem Einzug ein völlig verschmutztes Telefon vor, an dem auch einige Teile beschädigt sind.
Bitte wechseln Sie dieses Telefon gegen einen neuen Apparat aus.
Farbe: grün.

Freundliche Grüße
(Unterschrift)

Gebührenermäßigung für den Fernsprechanschluß
Personen, die alleinstehend, pflegebedürftig oder wegen einer langfristigen Krankheit auf sofortige ärztliche Hilfe angewiesen sind, haben unter bestimmten Voraussetzungen einen Anspruch auf Gebührenermäßigung, vielleicht sogar auf Gebührenbefreiung im Rahmen des Bundessozialhilfegesetzes. Auskunft erteilt das Sozialamt der Stadt oder des Kreises und das Fernmeldeamt. Hier bekommt man auch ein Antragsformular, mit dem man die Gebührenermäßigung beantragen kann.

Reklamation bei erhöhten Gebühren

In seltenen Fällen kommt es vor, daß die Zählwerke defekt sind, mit denen die Post die Gebühreneinheiten feststellt. Erscheint Ihnen die Telefonrechnung zu hoch und haben Sie alle privaten Gründe ausgeschlossen, können Sie bei der Post beantragen, daß Ihr Gebührenzähler geprüft wird:

Oberpostdirektion Dortmund
Fernmeldestelle
Postfach 00 00 00

4600 Dortmund 1

Fernsprechanschluß 00 00 00
Antrag auf Prüfung des Gebührenzählers

Sehr geehrte Damen und Herren,

in den letzten Monaten erschienen mir die Telefonrechnungen sehr hoch. Deshalb haben wir über einen Zeitraum von sechs Wochen mit Datum, Uhrzeit und Gesprächsdauer alle Telefongespräche festgehalten. Beim Vergleich unserer Aufzeichnungen mit den Gebühreneinheiten auf der letzten Telefonrechnung stellten wir eine Diskrepanz fest, die wir uns nicht erklären können.
Deshalb beantragen wir, daß Sie den Gebührenzähler prüfen. Bitte teilen Sie uns das Ergebnis recht bald mit.

Mit freundlichen Grüßen
(Unterschrift)

Vermeiden Sie böse Überraschungen nach dem Urlaub! Wenn Sie in Urlaub fahren, sollten Sie Ihr Telefon bei Ihrem Fernmeldeamt für diese Zeit abmelden. Der Grund: Wenn jemand bei einem Einbruch Unfug mit Ihrem Telefon betreibt, sind Sie für den Schaden haftbar. Das Telefon meldet man so ab:

Postdirektion Hamm
Fernmeldestelle
Postfach 00 00 00

4700 Hamm 1

Fernsprechanschluß 00 00 00
Sperrung für die Zeit vom... bis...

Sehr geehrte Damen und Herren,

in dieser Zeit verreisen meine Familie und ich. Deshalb bitte ich Sie,
unseren Telefonanschluß vom... bis zum... zu sperren. Vielen Dank.

Freundliche Grüße
(Unterschrift)

Fernsprechauftragsdienste

Es gibt bei der Post einen Auftragsdienst, der es übernimmt, Anrufe für Abwe-
sende oder Verhinderte entgegenzunehmen und als Gegenleistung kurze
Nachrichten zu übermitteln. Der Postkunde kann sich auch per Telefon wecken
lassen. Darüber hinaus hat er die Möglichkeit, einen automatischen Anrufbeant-
worter einzusetzen: In seiner Abwesenheit schaltet sich ein Tonband ein, das
Anrufenden eine Nachricht übermittelt; anschließend können diese ebenfalls
innerhalb einer bestimmten Zeitspanne eine Information auf das eingeschaltete
Tonband sprechen. Aufträge für Fernsprechauftragsdienste nehmen die
Postämter entgegen.

Bewegliche Funkdienste

Die Post erteilt auch Genehmigungen für bewegliche Funkdienste – zum Beispiel
Funkanlagen oder Funkfernsprechanschlüsse auf dem Schiff oder im Auto. Ein
Autotelefon kann wie ein normaler Fernsprechanschluß benutzt werden.
Als zusätzlichen Service bietet die Deutsche Bundespost den „Europäischen Funk-
rufdienst" an; dabei können von jedem Telefon aus bis zu 4 verschiedene
Signale, deren Bedeutung vorher vereinbart wurde, zu Funkrufempfängern
übermittelt werden. Auskünfte und Anträge erhalten Sie ebenfalls bei Ihrem
Postamt.

Brief- und Paketdienste

Nachsendeantrag

Nicht immer kann man beim Umzug alle wichtigen Personen über die Adressenänderung informieren. Für diesen Fall hält Ihr Briefträger oder Ihr Postamt einen Nachsendeantrag für Sie bereit. Dann werden ein halbes Jahr lang alle Postsendungen an die neue Adresse nachgeschickt.

Der Nachsendeantrag kann auch für den Urlaubsort in Anspruch genommen werden.

Für Briefmarkensammler hält die Deutsche Bundespost einen weiteren Service bereit. Neuerscheinungen kann man regelmäßig beziehen beim:

Philatelistischen Dienst der DBP
Versandstelle für Sammlermarken
Postfach 2000

6000 Frankfurt/M

Postlagernd

Wenn Sie eine Reise mit mehreren Etappen, aber ohne festen Zielort, planen, so können Sie sich Ihre Post an unterschiedliche Orte „postlagernd" nachschicken lassen. Auch dafür müssen Sie bei Ihrem Postamt einen Antrag stellen. Gegen Vorlage des Personalausweises werden dem Empfänger am jeweiligen Bestimmungsort die Postsendungen ausgehändigt.

Nachsendungen ins Ausland sind nur begrenzt möglich. Hier gibt die Post im speziellen Fall Auskunft. Geldanweisungen können nicht ins Ausland nachgesandt werden.

Nachforschungsantrag

Ein Paket ging verloren: Haben Sie ein Paket verschickt, das seinen Empfänger nicht erreicht hat, können nur Sie und nicht der Adressat einen Nachforschungsantrag stellen. Das gilt auch für Briefsendungen; für diese übernimmt die Post aber keine Haftung.

Beispiel für einen Nachforschungsantrag (siehe nächste Seite):

Postdirektion Hamm
Nachforschungsstelle
Postfach 00 00 00

4700 Hamm 1

Paket Nr.
Absender: ...
Empfänger: ...

Sehr geehrte Damen und Herren,

vor sieben Wochen, am 26. 07. 19 . ., gab ich im Postamt Hamm 5 ein
Paket auf. Dieses Paket ist nicht beim Empfänger angekommen.
Deshalb bitte ich Sie, Nachforschungen anzustellen.

Freundliche Grüße
(Unterschrift)

Anlage
Einlieferungsschein

Verlust von Einschreibesendungen

Bei einer verlorengegangenen Einschreibesendung kann die Post relativ leicht
den Weg zurückverfolgen. Den Verlust sollte man sofort bei der Post reklamieren und die Erstattungsansprüche geltend machen. Achtung: Einschreibebeleg
beifügen!

Verstümmeltes Telegramm

Hin und wieder kommt es vor, daß Telegramme ihren Empfänger mit unvollstän-
digem Text erreichen. Wenn dem Absender dadurch Schäden entstehen, darf
er die Post dafür haftbar machen. Am besten läßt er sich das unvollständige Tele-
gramm vom Empfänger schicken und legt es seiner Beschwerde bei.

Beschwerden

Alle Arten von Beschwerden sollten sofort schriftlich eingereicht werden. Die Post
ist als Behörde an Gesetze gebunden, die sie ihrem Postkunden gegenüber
verpflichten.

Verpackungsprüfstelle
Wenn Sie unsicher sind, wie bestimmte Gegenstände zu verpacken sind, damit
diese unbeschädigt beim Empfänger ankommen, erteilt Ihnen das posttech-
nische Zentralamt Auskunft:

Posttechnisches Zentralamt
Verpackungsprüfstelle
Am Kavalleriesand 3

6100 Darmstadt

Telekommunikation

Die Bundespost hat sich in den letzten Jahren immer mehr zu einem Dienstleister
im Bereich der Telekommunikation entwickelt. Bildschirmtext und Kabelfernsehen sind nur zwei Beispiele dafür. Auskünfte erteilen hier die Telefonläden. Dort
erhält man auch Anträge, mit denen man diese Dienste ordern kann.
Häufig sind ältere Fernsehapparate nicht für den Anschluß an das Kabelnetz
geeignet. Auskunft darüber kann Ihnen Ihr Fernsehgerätehändler geben.
Wenn Sie sich nicht sicher sind, wann ihr Ortsteil „verkabelt" wird, können Sie bei
der örtlichen Post anfragen:

Postdirektion Hamm
Fernmeldestelle
Postfach 00 00 00

4700 Hamm 1

Anschluß für das Kabelfernsehen

Sehr geehrte Damen und Herren,

ich bin an einem Kabelanschluß interessiert.
Bitte teilen Sie mir mit, wann damit zu rechnen ist, daß unser Ortsteil an
das Kabelnetz angeschlossen wird und wie hoch die Kosten für einen
Kabelanschluß sind (Anschlußkosten und mtl. Gebühren).

Freundliche Grüße
(Unterschrift)

41

Bundeswehr

Alle männlichen Erwachsenen sind zum Wehrdienst verpflichtet. Es gibt aber Gründe, die zu einem Aufschub, einem Ersatz oder einer Verweigerung des Wehrdienstes führen. In diesen Fällen ist sofort ein schriftlicher Antrag an die Behörde zu richten.

Zurückstellung

Meist sind es Ausbildungsgründe, die zu einem Zurückstellungsgesuch führen. Der Antragsteller muß sein Gesuch ausführlich begründen und gegebenenfalls den Nachweis eines Ausbildungsplatzes oder entsprechende Bescheinigungen beifügen. Für den Antrag gibt es vorgedruckte Formulare, die zunächst angefordert werden müssen.

Kreiswehrersatzamt
Postfach 00 00 00

4750 Unna

Zurückstellungsantrag

Sehr geehrte Damen und Herren,

da ich mich noch in der Ausbildung befinde, möchte ich mich vom Wehrdienst zurückstellen lassen. Ich bitte Sie, mir die erforderlichen Formulare zuzusenden.

Freundliche Grüße
(Unterschrift)

Zivildienst

Wehrdienstpflichtige können vom Wehrdienst befreit werden, wenn sie sich dafür auf 10 Jahre verpflichten, an Wochenenden einen zivilen Ersatzdienst zu leisten. Anträge werden an die Behörde gerichtet, die die Einberufung ausgestellt hat. Bei besonderen Wünschen für einen bestimmten Zivildienst – wie Katastrophenschutz, Rettungsorganisationen oder Technisches Hilfswerk etc. – kann der Wehrpflichtige auch an das Landratsamt schreiben, das dem betreffenden Zivildienst übergeordnet ist.

DRK Ahlen
Postfach 00 00 00

4730 Ahlen

Zivildienst

Sehr geehrte Damen und Herren,

vom hiesigen Kreiswehrersatzamt bin ich zum Wehrdienst erfaßt worden; ich möchte jedoch anstelle eines Wehrdienstes einen zivilen Ersatzdienst beim Deutschen Roten Kreuz leisten. Bitte teilen Sie mir mit, an wen ich mich wenden kann, um Einzelheiten zu erfahren.

Freundliche Grüße
(Unterschrift)

Wehrdienstverweigerung

Wehrdienstpflichtige, die aus Gewissensgründen vom Wehrdienst befreit werden möchten, müssen anstelle des Wehrdienstes 18 Monate (demnächst 20) lang Zivildienst leisten, beispielsweise in einer den Wohlfahrtsverbänden angeschlossenen sozialen Einrichtung. Anträge sollten bei der Musterung gestellt werden. Es gibt dafür vorgedruckte Formulare, die ausgefüllt an das Kreiswehrersatzamt zurückgeschickt werden müssen.

Bürgerinitiativen

Heute ist es manchmal notwendig, daß Bürger sich zusammenschließen, um unabhängig von den politischen Parteien ihre Interessen zu artikulieren. Hier einige Briefbeispiele, die zeigen, wie man vorgehen kann, wenn man zum Beispiel eine „Spielstraße" durchsetzen will:

Ehepaar Hans u. Inge Müller
Schellingstr. 2

4730 Ahlen

Einladung zu einem Gespräch am 12. 05. 19..
Ort: Gaststätte „Zweibrüggen" in der Richthofenstraße

Sehr geehrtes Ehepaar Müller,

wir haben uns schon des öfteren darüber ausgetauscht, daß unsere Straße für unsere Kinder ein gefährlicher Spielplatz ist: Die Autos fahren viel zu schnell und nehmen auf die Kleinen keine Rücksicht.
Deshalb halten wir es für sinnvoll, bei der Stadt einen Antrag zu stellen, daß unsere Straße zu einer Spielstraße erklärt wird, auf der die Autos nicht schneller als 30 km fahren dürfen. Auch verkehrsberuhigende Maßnahmen halten wir für sinnvoll.
Haben Sie Lust, uns zu unterstützen? Dann kommen Sie doch bitte in die Gaststätte „Zweibrüggen". Dort können wir gemeinsam überlegen, wie wir weiter vorgehen.

Freundliche Grüße
(Unterschrift)

Nach der Bürgerversammlung schreiben die Anwohner der Schellingstraße
diesen Brief an den Oberbürgermeister ihrer Stadt:

Herrn Oberbürgermeister
Gerd Ostendorf
Stadt Ahlen
Postfach 00 00 00

4730 Ahlen

Verkehrsberuhigung der Schellingstraße

Sehr geehrter Herr Oberbürgermeister,

die Sicherheit unserer Kinder auf den Straßen ist uns als besorgten
Eltern ein wichtiges Anliegen.
Als Anwohner der Schellingstraße beobachten wir dort eine Entwick-
lung mit großer Sorge: Immer mehr Fahrzeuge benutzen unsere Straße
als Rennstrecke, da sie eine günstige Abkürzung zwischen der Stadtum-
gehung „Ringstraße" und der großen vierspurigen Goethestraße ist.
Es kann aber nicht Sinn der Sache sein, daß Autofahrer durch ein
Wohngebiet fahren, um die Wartezeiten an einer großen Ampelkreu-
zung zu vermeiden.
Deshalb bitten wir Sie, sich unserer Sache anzunehmen und uns zu helfen, damit unsere Straße zu einer verkehrsberuhigten Zone oder zu einer
Spielstraße erklärt wird. Einen Antrag auf Verkehrsberuhigung unserer
Straße haben wir mit ausführlicher Begründung beim Oberstadtdirektor
gestellt.
Vielen Dank für Ihre Hilfe sagen Ihnen die Kinder und Eltern der Schel-
lingstraße.

Freundliche Grüße
(Unterschrift)

Anlage
Liste mit Unterschriften der Anwohner der Schellingstraße

Fernsehen

Neben den öffentlich-rechtlichen Rundfunk- und Fernsehanstalten gibt es heute immer mehr Privatsender. Beide Institutionen, die „Öffentlich-rechtlichen" und die „Privaten", können ohne Zuschauerecho nicht auskommen. Häufig aber haben auch die Zuschauer den Wunsch, einmal hinter die Kulissen zu schauen oder mehr über die Sendungen und ihre Darsteller zu erfahren.

Besuch beim Fernsehen

Wer an einer Fernsehsendung als Zuschauer teilnehmen möchte, muß seinen Wunsch an den Besucherdienst der jeweiligen Fernsehanstalt richten. Da meistens nur eine geringe Platzzahl zugelassen ist, sind Wartezeiten in der Regel unvermeidbar. Häufig besteht auch die Möglichkeit, mit dem Besuch einer Sendung eine Besichtigung des Senders zu verbinden:

ZDF
Besucherdienst

6500 Mainz-Lerchenberg

Sportstudio

Sehr geehrte Damen und Herren,

das Sportstudio verfolge ich seit langem mit großem Interesse. Besonders gut gefallen mir die Sendungen mit Dieter Kürten.
Ist es möglich, einmal als Zuschauer live an einer dieser Sendungen teilzunehmen?
Bitte geben Sie mir Nachricht, ob und wann es möglich ist, bei einer Sendung dabei zu sein. Über eine Zusage würde ich mich sehr freuen.

Freundliche Grüße
(Unterschrift)

Mitwirkung an einer Sendung

In einigen Sendungen können Zuschauer mitwirken. Wie stellt man es an, selbst einer der Teilnehmer zu werden? Sie wenden sich an die Redaktion, die für die Sendung verantwortlich ist. Welche Redaktion das ist, erfahren Sie aus dem Titelabspann. Wenn Sie bei keiner bestimmten Sendung mitmachen wollen, können Sie auch allgemein an den jeweiligen Sender schreiben.

Beispiel:

Radio Bremen
Redaktion „Rudi-Carrell-Show"
Postfach 00 00 00

2800 Bremen

Mitwirkung bei der „Rudi-Carrell-Show"

Sehr geehrte Damen und Herren,

die „Rudi-Carrell-Show" gefällt uns so gut, daß meine Familie und ich uns entschlossen haben, uns als Teilnehmer zu bewerben.
Wir: Das ist meine Frau, 30 Jahre jung, von Beruf Hausfrau; unsere beiden Kinder Daniela, sie ist 17 Jahre alt und geht noch auf das Gymnasium, und Alexander, 19, er macht gerade seine Lehre als Bankkaufmann; und schließlich der Vater, das bin ich, 43, von Beruf kaufmännischer Angestellter. Bilder von uns liegen diesem Brief bei.
Wir Männer haben zwei gemeinsame Hobbys: Kochen und Amateurfunk; die beiden Damen sind leidenschaftliche Schwimmerinnen und spielen gerne Schach. Zusammen sind wir ein fanatisches Skat-Team, das dabei oft Zeit und Ort vergißt, manchmal sogar das Fernsehen, aber nie die „Rudi-Carrell-Show".
Bitte teilen Sie uns mit, ob wir eine Chance haben, als Kandidaten in die engere Wahl zu kommen. Dürfen wir uns persönlich einmal vorstellen?

Freundliche Grüße
(Unterschrift)

Zuschauerdienst

Es gibt unterschiedliche Anlässe, mit dem Fernsehen in Kontakt zu treten: zum Beispiel der Ärger über eine Sendung. In diesen Fällen schreiben Sie Ihren Brief an die Zuschauerredaktion. Sie sorgt dafür, daß die zuständige Redaktion sich mit dem Brief auseinandersetzt.

Aber nicht nur Kritik, sondern auch lebhafte Zustimmung und der Wunsch nach Wiederholung einer Sendung sind Gründe, sich an die Sendeanstalt zu wenden.

Für Auskünfte über das Programm ist die Zuschauerredaktion die erste Kontaktstelle; die folgende Bitte ist eines von vielen möglichen Beispielen:

WDR
Zuschauerredaktion
Postfach 00 00 00

5000 Köln

Bitte um Programmauskunft
Sendung: „Mozart, wie ihn niemand kennt" vom 24. 06.19..
Sendezeit: 21.30 Uhr

Sehr geehrte Damen und Herren,

in dieser Sendung brachten Sie ein Orchesterstück, dessen Namen ich mir leider nicht gemerkt habe.
Ich wäre Ihnen sehr dankbar, wenn Sie mir den genauen Titel dieses Musikbeitrags mitteilen könnten, möglichst den Schallplattenhersteller.
Vielen Dank für Ihre Mühe.

Freundliche Grüße
(Unterschrift)

Ein Manuskript zu einer Fernsehsendung oder gar eine Kopie des Beitrags kann zwar ebenfalls angefordert werden, doch sollten Sie nicht enttäuscht sein, wenn die Fernsehanstalt in diesen Fällen etwas zurückhaltend reagiert. Texte von Fernsehsendungen sind ohne Bildmaterial oft unzusammenhängend und werden daher nicht verschickt. Für den Bezug von Kopien ist in der Regel ein Obulus zu entrichten. Man erhält diese in der Regel nicht bei der Redaktion direkt, sondern von Kopieranstalten. Mit welcher Kopieranstalt der jeweilige Sender zusammenarbeitet, sagt Ihnen die Zuschauerredaktion:

WDR
Zuschauerredaktion
Postfach 00 00 00

5000 Köln

Bitte um eine Kopie
Sendung: „Wie sicher sind Kernkraftwerke?" vom 23. 07. 19..
Sendezeit: 20.15 Uhr

Sehr geehrte Damen und Herren,

als Gruppe der Bürgerinitiative Umweltschutz hat uns diese Sendung sehr interessiert.
Ist es möglich, eine Kopie dieses Beitrags zu beziehen? Bitte teilen Sie uns mit, ob die Möglichkeit besteht und wo wir die Kopie beziehen können.

Freundliche Grüße
(Unterschrift)

Die Privatsender strahlen viele Musikprogramme aus. Hier besteht häufig die Möglichkeit, Musikwünsche zu äußern, um Briefkontakte zu werben und seine Freunde und Bekannten zu grüßen. Je pfiffiger ein brieflicher Wunsch gestaltet ist, desto größer sind die Chancen, daß dem Musikwunsch entsprochen wird.

Beschwerde an ein Fernsehratsmitglied

Unmittelbare Kontrolle über die Arbeit der öffentlich-rechtlichen Anstalten üben Rundfunk- und Fernsehräte aus; sie sind gewählte Vertreter von Interessengruppen. Die Ratsmitglieder vertreten z. B. Berufsgruppen oder Verbände, soziale Institutionen oder die Kirchen. Wann auch immer ein Zuschauer der Meinung ist, daß seine Interessen übergangen, ungenügend berücksichtigt oder gar ungerecht behandelt wurden, hat er die Möglichkeit, sich an das zuständige Fernsehratsmitglied zu wenden:

An den Vertreter
der Katholischen Kirche
Fernsehratsmitglied beim
Bayerischen Rundfunk
Postfach 00 00 00

8000 München

Katholisches Kirchenmagazin

Bei der letzten Programmumstellung ist dieses Magazin von 17.15 Uhr auf 23.30 Uhr sonntags verlegt worden.
Für mich ist diese Änderung eine rücksichtslose Zumutung. Welcher Zuschauer kann es sich leisten, am Sonntagabend so spät ins Bett zu gehen, um eine Sendung zu sehen, die er bisher mit großem Interesse und großem persönlichem Gewinn verfolgt hat?
Ich bitte Sie, sich dafür einzusetzen, daß diese Sendung wieder zu einer annehmbaren Zeit ausgestrahlt wird. Ich hoffe, daß Sie Verständnis für mein Anliegen haben.

Mit freundlichen Grüßen
(Unterschrift)

Rundfunk- und Fernsehgebührenbefreiung

Die Gebührenbefreiung erhalten Personen mit geringen Einkommen, daneben vor allem Sonderfürsorgeberechtigte im Sinne des Bundesversorgungsgesetzes. Auch Blinde und erheblich Hörgeschädigte, unter bestimmten Voraussetzungen auch andere Schwerbeschädigte, haben Anspruch auf diese Vergünstigung. Empfänger von regelmäßigen Hilfen zum Lebensunterhalt im Rahmen der Sozialhilfe und der Kriegsopferfürsorge wie auch Pflegegeldempfänger nach dem LAG gehören ebenfalls zum begünstigten Personenkreis. Anträge werden bei den Sozialämtern der kreisfreien Städte und der Landkreise gestellt. Autoradios sind nur gebührenpflichtig in gewerblich oder geschäftlich benutzten Kraftfahrzeugen. Anmelde- und Änderungsformulare für die Gebühreneinzugszentrale der öffentlich-rechtlichen Rundfunkanstalten in der Bundesrepublik Deutschland (GEZ) erhalten Sie in jeder Bank oder bei der Bundespost.

Rundfunk-Änderungsmeldung

Grundsätzlich sind alle benutzten Rundfunk- und Fernsehgeräte gebührenpflichtig. In einem Privathaushalt ist aber in der Regel nur ein Hörfunk und ein Fernsehgerät gebührenpflichtig. In bestimmten Fällen gibt es zu dieser Regel jedoch Ausnahmen: Gehören mehrere Personen zu einem Haushalt und verfügen diese über ein eigenes Einkommen, müssen diese ihren Fernseher oder ihr Radio anmelden. Wenn also zum Beispiel der Sohn oder die Tochter über ein Radio oder ein Fernsehgerät verfügen und selbst verdienen, müssen sie diese Geräte auf ihren Namen anmelden und Gebühren bezahlen.

Finanzamt

Es gibt eine Reihe von Steuerberechnungen, die das Finanzamt dem Steuerzahler automatisch abnimmt. Um einige Dinge muß sich der Steuerpflichtige jedoch selbst kümmern, wenn er alle Steuervorteile voll wahrnehmen will. Wenn Sie unsicher sind – und das ist bei den vielen Vorschriften und Anträgen niemandem zu verdenken –, wenden Sie sich am besten an Ihr Finanzamt oder an die jeweilige Gemeindeverwaltung.

Lohnsteuer

Lohn- oder Gehaltsempfänger brauchen eine Lohnsteuerkarte. Ist sie versehentlich einmal nicht ausgestellt worden, so fordert der Betroffene Ersatz an, und zwar von der Lohnsteuerstelle der Gemeindeverwaltung, bei der er mit seinem Hauptwohnsitz gemeldet ist.

Bevor die Karte an den Arbeitgeber weitergegeben wird, sollten Sie die Eintragungen wie Familienstand, Geburtsdatum, Steuerklasse, Kinderzahl und Religionszugehörigkeit prüfen. Die Angaben sind die Grundlage für die Steuerberechnung. Wenn sie nicht stimmen, kann es zu Irrtümern und Differenzen kommen.

Auch wenn das Versehen einen Vorteil für Sie bringen sollte, muß der Fehler gemeldet werden. Irgendwann wird die Unstimmigkeit entdeckt; die – womöglich stattliche – Nachzahlungsforderung kommt garantiert!

Zu den üblichen Eintragungen auf der Lohnsteuerkarte kommen manchmal bestimmte Pauschalfreibeträge oder Ausbildungsfreibeträge, etwa wenn ein Kind zur Berufsausbildung auswärts untergebracht ist. Auch diese Beträge sind vor der Weitergabe an den Arbeitgeber zu prüfen. Ändert sich die Steuerklasse – zum Beispiel durch Heirat oder Geburt eines Kindes –, muß die Lohnsteuerkarte von der Gemeindeverwaltung korrigiert werden. Das kann man erreichen, indem man persönlich zur Gemeindeverwaltung geht. Es ist aber auch schriftlich möglich:

Stadt Hamm
Lohnsteuerstelle
Postfach 00 00 00

4700 Hamm 1

Bitte um Korrektur der Lohnsteuerkarte

Sehr geehrte Damen und Herren,

in der diesjährigen Lohnsteuerkarte wird meine Konfession als „rk"
angegeben. Ich bin aber vor einem halben Jahr aus der Kirche
ausgetreten.
Bitte ändern Sie meine Lohnsteuerkarte.

Freundliche Grüße
(Unterschrift)

Anlagen
Lohnsteuerkarte
Bescheinigung über den Kirchenaustritt

Weitere Gründe für eine Änderung der Lohnsteuerkarte können sein: ein neu-
geborenes Kind wird eingetragen; die Freibeträge (etwa für die Benutzung eines
Kraftfahrzeugs zu Fahrten zwischen Wohnung und Arbeitsstätte ändern sich;
doppelte Haushaltsführung; die Unterstützung bedürftiger Angehöriger etc.)
ändern sich; der Altersfreibetrag (Freibetrag für Arbeitnehmer, die das 64. Lebensjahr vollendet haben) wird fällig; eine Pauschale für Körperbehinderte und
Hinterbliebene kann geltend gemacht werden; es entsteht Verlust „durch
erhöhte Aufwendungen" (zum Beispiel beim Bau oder Erwerb von Wohnungs-
eigentum).
Es kann sinnvoll sein, beim Finanzamt einen Lohnsteuer-Jahresausgleich einzureichen. Dafür hat das Finanzamt eigene Vordrucke. Diese erhalten Sie direkt
beim Finanzamt oder bei Ihrem Arbeitgeber. Sie werden ausgefüllt und ohne
Anschreiben an das Finanzamt zurückgeschickt.

Verlust der Lohnsteuerkarte

Wenn die Lohnsteuerkarte aus irgendwelchen Gründen verlorengegangen, unbrauchbar oder beschädigt worden ist, stellt die Gemeinde auf Antrag und gegen eine geringe Gebühr eine Ersatzlohnsteuerkarte aus.

Zweite Steuerkarte

Gehen Sie zwei Beschäftigungen nach, kann es erforderlich sein, für jede dieser Beschäftigungen eine eigene Lohnsteuerkarte zu haben. Die zweite Lohnsteuerkarte erhalten Sie ebenfalls bei der Lohnsteuerstelle bzw. dem Finanzamt Ihrer Gemeinde.

Einkommensteuer

Wer freiberuflich tätig ist, zum Beispiel als Arzt, Schriftsteller, Kaufmann, oder wer neben dem lohnsteuerpflichtigen Beruf noch eine private Nebenbeschäftigung ausübt, unterliegt der Einkommensteuer. Das Formular für die Einkommensteuererklärung wird jährlich vom Finanzamt zugesandt. Beim Ausfüllen der Formulare zieht man am besten einen Steuerberater hinzu, denn dieser Fachmann kennt sich in den Steuergesetzen besser aus und erreicht oft recht beträchtliche steuerliche Vorteile für seinen Mandanten.

Wer seine Einkommensteuer nicht fristgerecht einreichen kann (die Frist ist der 31. 05. eines jeden Jahres), vermeidet eine Verzugsgebühr, wenn er rechtzeitig eine begründete schriftliche Entschuldigung vorlegt:

Finanzamt Dortmund
Einkommensteuerstelle
Postfach 00 00 00

4600 Dortmund 1

Steuernummer 0000 0000 0000

Sehr geehrte Damen und Herren,

ich sehe mich außerstande, meine Steuererklärung für das Jahr 19.. rechtzeitig einzureichen.
Begründung: Ich erlitt am 10. 03. 19.. einen schweren Autounfall, durch dessen Folgen ich ans Bett gefesselt bin. Voraussichtlich bin ich noch weitere zwei Monate bettlägerig.
Ich bitte Sie, die Frist für die Steuererklärung bis zum 30. 09. 19.. zu verlängern.

Freundliche Grüße
(Unterschrift)

<u>Anlage</u>
Attest

Gegebenenfalls sind Sie verpflichtet, die Einkommensteuer in bestimmten Raten vorauszahlen zu müssen. Ändern sich die Verhältnisse, können Sie dagegen Einspruch erheben:
Der Angestellte Schumann betreibt neben seiner beruflichen Tätigkeit ein Gewerbe, um sich einige private Annehmlichkeiten zu finanzieren. Da er durch einen Berufswechsel andere Arbeitszeiten hat, muß er das Gewerbe aufgeben:

Finanzamt Dortmund
Einkommensteuerstelle
Postfach 00 00 00

4600 Dortmund 1

Steuernummer 0000 0000 0000
Einkommensteuerbescheid für 19.. vom 03. 04. 19..

Sehr geehrte Damen und Herren,

vom 01. 07. 19.. an übe ich mein Gewerbe nicht mehr aus. Deswegen reduzieren sich meine Einnahmen erheblich.
Bitte befreien Sie mich daher von der festgesetzten Einkommensteuer-Vorauszahlung. Die Abmeldebescheinigung meines Gewerbes liegt bei.

Freundliche Grüße
(Unterschrift)

Auch wenn die Einnahmen sich nachweislich erheblich verringert haben, kann man eine Aufhebung oder Reduzierung der Vorauszahlungen beantragen. Unter bestimmten Umständen ist es auch möglich, die Stundung einer Steuerschuld zu beantragen:

Finanzamt Dortmund
Einkommensteuerstelle
Postfach 00 00 00

4600 Dortmund 1

Steuernummer 0000 0000 0000
Einkommensteuerbescheid für 19.. vom 11. 06. 19..

Sehr geehrte Damen und Herren,

laut Einkommensteuerbescheid soll ich 1245,00 DM für das letzte Jahr nachzahlen. Ich bitte Sie, mir diesen Betrag bis zum nächsten Fälligkeitstermin für die Vorauszahlung zu stunden.
Der Grund: Wegen eines Wadenbeinbruchs konnte ich meinen Beruf als selbständige Krankengymnastin nicht ausüben und beziehe zur Zeit lediglich ein Krankentagegeld, das die laufenden Kosten und meinen Lebensunterhalt gerade deckt (siehe Bescheinigung von der Krankenkasse).
Die Erkrankung wird in etwa drei Wochen ausgeheilt sein, so daß ich dann die Arbeit wieder aufnehmen kann. Ein ärztliches Attest habe ich beigefügt.

Freundliche Grüße
(Unterschrift)

<u>Anlagen</u>
Attest
Bescheinigung der Krankenkasse

Gericht

Ein Rechtsstreit vor Gericht ist immer mit Kosten verbunden. Wer Grund zur Klage hat, sollte deshalb aber den Gang zum Gericht nicht scheuen. An jedem Amtsgericht gibt es öffentliche Rechtsberatungsstellen. Dort hat der Bürger die Möglichkeit, sich kostenlos beraten zu lassen, um zu erfahren, ob der Streit Aussicht hat, zu seinen Gunsten geklärt zu werden.

Prozeßkostenhilfe

Wer klagt oder verklagt wird, ohne wirtschaftlich in der Lage zu sein, die Kosten zu tragen, kann bei Gericht einen Antrag auf Prozeßkostenhilfe stellen. Die Prozeßkostenhilfe befreit von den Kosten und wird dann gegeben, wenn die Partei belegen kann, daß ihr Einkommen unterhalb der erforderlichen Einkommensgrenze liegt.

Außerdem muß man nachweisen, daß man weder über Vermögenswerte noch über Barvermögen verfügt. Diesen Nachweis kann man durch eine Bescheinigung des Sozialamts führen, das für den Wohnsitz oder den Aufenthaltsort zuständig ist. Das Gericht prüft, ob die Klage Aussicht auf Erfolg hat. Der Antrag wird auf Formularen gestellt. Diese erhalten Sie bei den Rechtsberatungsstellen der Amtsgerichte und bei Rechtsanwälten. Wenn Sie einen Rechtsanwalt aufsuchen, erledigt dieser für Sie den Schriftwechsel, der für eine Prozeßkostenhilfe nötig ist.

Mahnbescheid

Beispiel: Frau Meier hat ihrem Nachbarn Geld geliehen. Dieser hält den vereinbarten Rückzahlungstermin jedoch nicht ein. Die Gläubigerin (Frau Meier) setzt dem Schuldner (Nachbarn) eine Zahlungsfrist zu einem bestimmten Termin (zum Beispiel 31. 01.). Immer wieder wird sie vertröstet. Sie beantragt deshalb einen Mahnbescheid.

Zur Zeit gibt es zwei verschiedene Verfahren, mit denen man einen Mahnbescheid erlangen kann. Nach dem „alten Verfahren" muß man den Mahnbescheid beim Amtsgericht beantragen, das für den Wohnsitz des Gläubigers zuständig ist. Ein Formular dafür erhält man in vielen Schreibwarengeschäften. Wenn man es ausgefüllt hat, reicht man es beim Gericht ein mit der Bitte, den Mahnbescheid zu erlassen und dem Schuldner zuzustellen. Wichtig ist, daß man

Antrag auf Erlaß eines Mahnbescheids

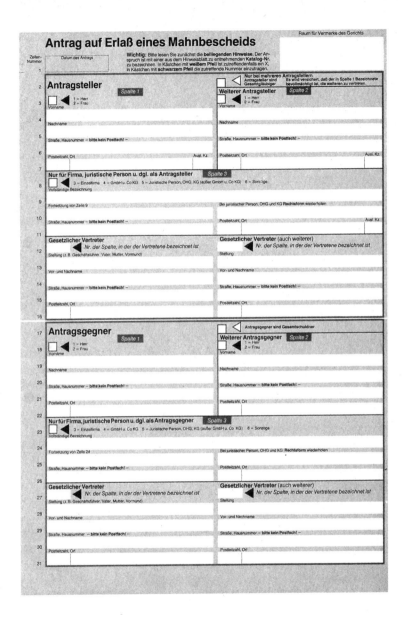

Zeilen-Nummer

Datum des Antrags

Wichtig: Bitte lesen Sie zunächst die **beiliegenden Hinweise.** Der Anspruch ist mit einer aus dem Hinweisblatt zu entnehmenden **Katalog-Nr.** zu bezeichnen. In Kästchen mit **weißem Pfeil** ist zutreffendenfalls ein X, in Kästchen mit **schwarzem Pfeil** die zutreffende Nummer einzutragen.

Antragsteller
Spalte 1

Nur bei mehreren Antragstellern
Antragsteller sind
Gesamtgläubiger
Es wird versichert, daß der in Spalte 1 Bezeichnete bevollmächtigt ist, die weiteren zu vertreten.

1 = Herr
2 = Frau
Vorname

Weiterer Antragsteller
Spalte 2

1 = Herr
2 = Frau
Vorname

Nachname

Nachname

Straße, Hausnummer – bitte kein Postfach! –

Straße, Hausnummer – bitte kein Postfach! –

Postleitzahl, Ort

Ausl. Kz.

Postleitzahl, Ort

Ausl. Kz.

Nur für Firma, juristische Person u. dgl. als Antragsteller
Spalte 3

3 = Einzelfirma   4 = GmbH u. Co KG   5 = Juristische Person, OHG, KG (außer GmbH u. Co KG)   6 = Sonstige

Vollständige Bezeichnung

Fortsetzung von Zeile 9

Bei juristischer Person, OHG und KG Rechtsform wiederholen

Straße, Hausnummer – bitte kein Postfach! –

Postleitzahl, Ort

Ausl. Kz.

Gesetzlicher Vertreter
Nr. der Spalte, in der der Vertretene bezeichnet ist

Gesetzlicher Vertreter (auch weiterer)
Nr. der Spalte, in der der Vertretene bezeichnet ist

Stellung (z. B. Geschäftsführer, Vater, Mutter, Vormund)

Stellung

Vor- und Nachname

Vor- und Nachname

Straße, Hausnummer – bitte kein Postfach! –

Straße, Hausnummer – bitte kein Postfach! –

Postleitzahl, Ort

Postleitzahl, Ort

Antragsgegner
Spalte 1

Antragsgegner sind Gesamtschuldner

1 = Herr
2 = Frau
Vorname

Weiterer Antragsgegner
Spalte 2

1 = Herr
2 = Frau
Vorname

Nachname

Nachname

Straße, Hausnummer – bitte kein Postfach! –

Straße, Hausnummer – bitte kein Postfach! –

Postleitzahl, Ort

Postleitzahl, Ort

Nur für Firma, juristische Person u. dgl. als Antragsgegner
Spalte 3

3 = Einzelfirma   4 = GmbH u. Co KG   5 = Juristische Person, OHG, KG (außer GmbH u. Co KG)   6 = Sonstige

Vollständige Bezeichnung

Fortsetzung von Zeile 24

Bei juristischer Person, OHG und KG Rechtsform wiederholen

Straße, Hausnummer – bitte kein Postfach! –

Postleitzahl, Ort

Gesetzlicher Vertreter
Nr. der Spalte, in der der Vertretene bezeichnet ist

Gesetzlicher Vertreter (auch weiterer)
Nr. der Spalte, in der der Vertretene bezeichnet ist

Stellung (z. B. Geschäftsführer, Vater, Mutter, Vormund)

Stellung

Vor- und Nachname

Vor- und Nachname

Straße, Hausnummer – bitte kein Postfach! –

Straße, Hausnummer – bitte kein Postfach! –

Postleitzahl, Ort

Postleitzahl, Ort

Bezeichnung des Anspruchs

I. Hauptforderung – siehe Anspruchskatalog –

1 – Der Anspruch hängt von einer Gegenleistung ab; diese ist bereits erbracht.
2 – Der Anspruch hängt nicht von einer Gegenleistung ab.

Zeilen-Nummer	Katalog-Nr.	Rechnung/Aufstellung/Vertrag oder ähnliche Bezeichnung	Nr. der Rechng./des Kontos u. dgl.	Datum bzw. Zeitraum vom bis	Betrag DM	
32						
33						
34						
35	Postleitzahl, Ort als Zusatz bei Katalog-Nr. 19, 20			Vertragsart als Zusatz bei Katalog-Nr. 28		-Vertrag

Sonstiger Anspruch – nur ausfüllen, wenn im Katalog nicht vorhanden –

| 36 | Fortsetzung von Zeile 36 | | | | Betrag DM | |
| 37 | | | | | | |

Nur bei Abtretung oder Forderungsübergang:

| 38 | Früherer Gläubiger – Vor- und Nachname, Firma (Kurzbezeichnung) | Datum | Postleitzahl, Ort | Seit diesem Datum ist die Forderung an den Antragsteller abgetreten/auf ihn übergegangen. |
| 39 | | | | |

II. Zinsen

Zeilen-Nr. des Anspruchs	Zinssatz %	% über Diskontsatz	1 = jährl. 2 = mtl. 3 = tägl.	Nur angeben, wenn abweichend vom Anspruchsbetrag: aus DM	Ab Zustellung des Mahnbescheids, wenn kein Datum angegeben. ab oder vom bis
40					
41					
42					

| 43 | Ausgerechnete Zinsen für die Zeit | vom | bis | Betrag DM |

| *III. Auslagen des Antragstellers für dieses Verfahren* | | | | *IV. Andere Nebenforderungen* |

Vordruck/Porto Betrag DM	Sonstige Kosten Betrag DM	Bezeichnung der Art	Betrag DM	Bezeichnung
44				

Ein streitiges Verfahren im allgemeinen Gerichtsstand des Antragsgegners wäre durchzuführen vor dem

| 45 | 1 = Amtsgericht 2 = Landgericht 3 = Landgericht – Kammer für Handelssachen, vor der die Verhandlung beantragt wird – | Postleitzahl, Ort in | | Im Falle eines Widerspruchs beantrage ich die Durchführung des streitigen Verfahrens. |

Prozeßbevollmächtigter des Antragstellers

Ordnungsgemäße Bevollmächtigung versichere ich.

46	1 = Rechtsanwalt 3 = Rechtsbeistand 2 = Rechtsanwälte 4 = Herr, Frau Vor- und Nachname		Betrag DM	Bei Rechtsanwalt oder Rechtsbeistand: Neben der Gebühr für den Mahnbescheidsantrag werden anstelle der Auslagenpauschale des § 26 BRAGO die nebenstehenden Auslagen verlangt, deren Richtigkeit versichert wird.
47				
48	Straße, Hausnummer – bitte kein Postfach –	Postleitzahl, Ort		
49	Bankleitzahl Konto-Nr.	bei der/dem		
50	Juristische Person als Rechtsbeistand			
51		Geschäftszeichen des Antragstellers/Prozeßbevollmächtigten		

An das
Amtsgericht
– Mahnabteilung –
Postfach _____

Ich beantrage, aufgrund der vorstehenden Angaben einen Mahnbescheid zu erlassen und in diesen die Kosten des Verfahrens aufzunehmen.

Unterschrift des Antragstellers/Vertreters/Prozeßbevollmächtigten

| 52 | Postleitzahl, Ort |

die Gerichtskosten vorlegen muß. Die dafür erforderlichen Gerichtskosten-
marken erhält man bei der Zahlstelle des Amtsgerichts.

Nach dem „neuen Verfahren" stellt man den Antrag auf Erlaß eines Mahnbe-
scheids bei einem zentralen Amtsgericht, das für den Bezirk, in dem der Gläubiger wohnt, zuständig ist. Für die Amtsgerichtsbezirke Hagen und Dortmund ist
das zum Beispiel das Amtsgericht Hagen, für Baden-Württemberg das Amtsgericht Stuttgart, für Berlin das Amtsgericht Wedding. Auch für dieses Verfahren
gibt es einen Antragsvordruck (siehe Seite 59 und 60). Eine wichtige Änderung
zum alten Verfahren besteht darin, daß man bei diesem Verfahren keine
Gerichtskosten vorlegen muß. Man erhält vom Amtsgericht eine Rechnung.

Bei beiden Verfahren wird der Schuldner schließlich vom Gericht aufgefordert,
an die Gläubigerin die Schuldsumme, vereinbarte Zinsen, beantragte Verzugs-
zinsen, die angefallenen Kosten für außergerichtliche Mahnungen und die
Kosten des Verfahrens innerhalb von zwei Wochen zu zahlen.

Der Schuldner kann gegen den Mahnbescheid innerhalb von zwei Wochen
Widerspruch erheben. Dafür erhält er beim alten und neuen Verfahren mit dem
Mahnbescheid ein Formular, das er für den Widerspruch benutzen kann. Auch
ein Brief ist möglich:

Amtsgericht Hagen
Postfach

5800 Hagen

Aktenzeichen...

In der Mahnsache... lege ich gegen den Mahnbescheid Widerspruch
ein.

(Unterschrift)

Zahlt der Schuldner nicht und erhebt schriftlich Widerspruch – in zweifacher
Ausfertigung –, kommt es zur Klage. In diesen Fällen wird man in der Regel einen
Rechtsanwalt zu Rate ziehen. Beträgt die Summe mehr als 5000,00 DM, wird die
Sache vor dem Landgericht verhandelt. Dort besteht Rechtsanwaltszwang.

Beim Amtsgericht kann man aber auch auf den Rechtsanwalt verzichten. In diesem Fall muß man die zweite Hälfte der Gerichtskosten einzahlen und selbst dem
Gericht eine Klagebegründung in dreifacher Ausfertigung liefern:

Amtsgericht Münster
Postfach 00 00 00

4400 Münster

Im Rechtsstreit
(Name des Gläubigers)
./.
(Name des Schuldners)
Aktenzeichen...

hat der Schuldner gegen den Mahnbescheid Widerspruch erhoben. Ich habe die zweite Hälfte der Gerichtskosten eingezahlt und bitte darum, einen Termin für die mündliche Verhandlung anzuberaumen.
Die Klage begründe ich wie folgt:
(ausführliche Klagebegründung)

(Unterschrift)

Fehlt die Klagebegründung, wird man vom Gericht aufgefordert, diese fristgerecht (meist zwei Wochen) nachzureichen. Deshalb ist es sinnvoll, die Klagebegründung gleichzeitig mit der Zahlung der Gerichtskosten vorzunehmen.

Vollstreckungsbescheid

Zahlt der Schuldner nicht und erhebt auch gegen den Mahnbescheid innerhalb der festgesetzten Frist keinen Widerspruch, so fordert die Gläubigerin vom Gericht auf einem Antragsformular, das sie vom Gericht erhält, den Erlaß eines Vollstreckungsbescheids. Das setzt allerdings die Zahlung von 5,- DM Zustellkosten voraus. Nachdem sie die vollstreckbare Ausfertigung erhalten hat, schreibt die Gläubigerin:

Amtsgericht Düsseldorf
Verteilungsstelle für
Gerichtsvollzieheraufträge
Postfach

4000 Düsseldorf

In der Zwangsvollstreckungssache
(Name des Gläubigers)
./.
(Name des Schuldners)
Aktenzeichen...

überreiche ich eine vollstreckbare Ausfertigung zum Mahnbescheid vom..., Aktenzeichen..., mit der Bitte, die Zwangsvollstreckung durchzuführen.

(Unterschrift)

Klage

Wer erwartet, daß der Schuldner nicht bereit sein wird zu zahlen, kann auch sofort beim Amtsgericht Klage erheben. Wenn der Streitwert größer als 5000,00 DM ist, wird das Landgericht zuständig. Dort besteht allerdings Rechtsanwaltszwang.

Für die Klage muß der Gläubiger in einer Klageschrift in verständlicher Weise die Tatsachen darlegen (in dreifacher Ausfertigung), die nach seiner Meinung die Verurteilung rechtfertigen. Außerdem sind die vollen Gerichtskosten einzuzahlen.

Entwurf einer Klage beim Amtsgericht:

Amtsgericht (Gericht am Wohnsitz des Schuldners!)
Postfach 00 00 00

0000 (Ortsname)

In dem Rechtsstreit
(voller Name u. Adresse des Gläubigers)
gegen
(voller Name u. Adresse des Schuldners)

erhebe ich Klage mit dem Antrag,
den Beklagten zu verurteilen,
der Klägerin 300,00 DM nebst 4% Zinsen (Mindestsatz) seit dem ... zu zahlen.
Begründung: Ich habe dem Beklagten am ... 300,00 DM als zinsloses Darlehn gegeben. Dieses war bis zum ... zurückzuzahlen.
Beweis: ...
Obwohl ich ihn mehrfach aufgefordert habe, hat er das Geld bis heute nicht zurückgegeben.

(Unterschrift) (auf allen drei Ausfertigungen!)

Wer als Angestellter oder Arbeiter von einem Arbeitgeber zu wenig Lohn erhalten hat oder wem gekündigt wurde, ohne daß er das Vorgehen für gerechtfertigt hält, kann in gleicher Weise Klage vor dem Arbeitsgericht erheben. Allerdings ist hier der Anwalt selbst zu bezahlen (als Gewerkschaftsmitglied bekommt man von der Gewerkschaft Rechtsschutz), auch wenn die erste Instanz gewonnen wird.
In einer Scheidungssache kann man sich als Privatperson nicht unmittelbar mit einer Klage an ein Gericht wenden. In diesem Fall muß man einen Anwalt aufsuchen, der dann Klage beim Familiengericht erhebt. Auch hier besteht die Möglichkeit einer Prozeßkostenhilfe.

Vollstreckungsabwehr

Wenn der Gerichtsvollzieher einen Gegenstand gepfändet hat, kann sich der Schuldner gegebenenfalls dagegen wehren. Eine mögliche Begründung ist, daß er den Gegenstand dringend (etwa aus beruflichen Gründen) benötigt. Er schreibt in diesem Fall:

Amtsgericht Essen
Vollstreckungsgericht
Postfach 00 00 00

4300 Essen

In der Zwangsvollstreckungssache
(Gläubiger)
gegen
(Schuldner)
Aktenzeichen ...

lege ich gegen die Pfändung meines Schreibtisches Erinnerung ein. Die Pfändung wurde vom Gerichtsvollzieher ... vorgenommen.
Begründung: Ich schreibe in Heimarbeit Adressen und kann diese Arbeit nur am Schreibtisch ausüben. Deshalb bitte ich darum, die Zwangsvollstreckung aufzuheben.

(Unterschrift)

Zeugenaussage

Wer vor Gericht als Zeuge aussagen muß, hat mit einer Ordnungsstrafe zu rechnen, wenn er der Verhandlung unentschuldigt fernbleibt. Deshalb sollte er sich, wenn zwingende Gründe vorliegen, rechtzeitig schriftlich abmelden. Dabei genügt es nicht, wenn er schreibt, er müsse aus bestimmten Gründen der Verhandlung fernbleiben, sondern er muß dies belegen. Bei Krankheit sendet er ein ärztliches Attest mit. Befindet er sich z. B. gerade im Ausland, so kann ihm häufig nicht zugemutet werden, wegen einer Zeugenaussage eine kostspielige oder berufliche Reise abzubrechen. Seine Unterschrift im Entschuldigungsbrief muß dann von der örtlichen Polizeibehörde beglaubigt werden. Damit ist der Nachweis erbracht, daß er sich wirklich gerade an diesem Ort aufhält.

Amtsgericht Hamm
Postfach 00 00 00

4700 Hamm 1

Vorladung wegen einer Zeugenaussage
Aktenzeichen...
Schmidt ./. Schmidt

Zum 11. 07. 19.. bin ich in dieser Sache als Zeuge geladen. Wegen einer Blinddarmoperation liege ich im Krankenhaus und kann deshalb den Termin nicht wahrnehmen. Eine ärztliche Bescheinigung liegt bei.

(Unterschrift)

1 Anlage

Einspruch

Wer seine Zeugenpflicht verletzt, muß möglicherweise mit einem Ordnungsgeld rechnen. Der Einspruch gegen ein Ordnungsgeld wegen der Verletzung der Zeugenpflicht kann dann nachträglich erhoben werden, wenn hierfür zwingende Gründe vorlagen und zu belegen sind:

Amtsgericht Werl
Postfach 00 00 00

4760 Werl

Einspruch gegen Ordnungsgeld
Aktenzeichen…

Weil ich einer Vorladung zu einer Zeugenaussage vor Gericht nicht nachkam, wurde mir ein Ordnungsgeld auferlegt. Dagegen erhebe ich aus folgenden Gründen Einspruch:
Am Morgen des Verhandlungstermins war ich in einen Verkehrsunfall verwickelt, bei dem ich mir erhebliche Verletzungen zuzog und ins Krankenhaus eingeliefert werden mußte. Eine ärztliche Bescheinigung und den Unfallbericht der Polizei füge ich bei.

(Unterschrift)

2 Anlagen

Rechtsmittel

Wer in einem Strafverfahren verurteilt worden ist, kann das Urteil mit Rechtsmitteln angreifen. Rechtsmittel sind die Berufung und die Revision. Berufung legt man gegen Urteile des Strafrichters und des Schöffengerichts ein, Revision gegen Urteile der Strafkammern und der Schwurgerichte sowie gegen die im ersten Rechtszug ergangenen Urteile der Oberlandesgerichte. Rechtsmittel einzulegen ist zwar in manchen Fällen ohne die Hilfe eines Rechtsanwaltes möglich, es ist aber in jedem Fall zu empfehlen, einen Rechtsanwalt zu Rate zu ziehen.

Beleidigungsklage

Wer sich beleidigt fühlt, erhebt beim Amtsgericht, das für den Wohnort des Beleidigenden zuständig ist, eine Beleidigungsklage:

Amtsgericht Werl
Postfach 00 00 00

4760 Werl

Beleidigungsklage

Meine Nachbarin, Frau... (Name und Anschrift), hat mich in aller Öffentlichkeit als „Hure" und „Säuferin" bezeichnet. Ihre Anschuldigungen sind völlig unbegründet und verletzen mein Ehrgefühl sehr.

Zeugen: (Namen und Anschriften)

(Unterschrift)

Solchen Klagen geht das Gericht in der Regel nicht direkt nach, sondern verweist Sie an einen Schiedsmann, der Beleidigte und Beleidiger zur gütlichen Einigung zunächst zu sich bestellt. Wenn das allerdings erfolglos bleibt, kann es zur Verhandlung kommen.

Vollmacht

Wer nicht selbst zum Gericht oder zu einer Behörde gehen will oder kann, hat die Möglichkeit, einen anderen zu bevollmächtigen. Zu diesem Zweck reicht ein Schriftstück, das folgenden Inhalt haben könnte:

Ich bevollmächtige..., mich in der Sache... vor (Gericht oder Behörde) zu vertreten und alle Erklärungen für mich abzugeben und entgegenzunehmen.

(Unterschrift)

Auch Geldangelegenheiten kann jeder mit Hilfe einer Vollmacht von anderen erledigen lassen. Zur Sicherheit sollte die Vollmacht folgende Angaben erhalten:

Herr oder Frau... ist berechtigt, am... von meinem Sparbuch (oder Konto) Nr.... DM... abzuheben.

(Datum)   (Unterschrift)

Manchmal kann es auch sinnvoll sein, bei der Bundespost Vollmachten zu hinterlegen, damit zum Beispiel eine Hausangestellte eingeschriebene Briefsendungen entgegennehmen kann. Formulare hierfür gibt es beim Postamt.

Kirchenaustritt

Für den Austritt aus der Kirche gibt es viele Beweggründe. Niemand ist jedoch gezwungen, seine Gewissensentscheidung öffentlich zu begründen. Als Austrittserklärung genügt ein einfaches Schreiben an das zuständige Amtsgericht:

Amtsgericht Köln
Postfach 00 00 00

5000 Köln

Kirchenaustritt
Marianne Hilge, geborene Müller,
wohnhaft Melcherstr. 12 in 5000 Köln 41

Ich, Marianne Hilge, bin am... in der... Kirche in... (Ort) evangelisch (katholisch) getauft worden. Ich erkläre hiermit meinen Austritt aus der Kirche.

(Unterschrift)

Testament

Wer über ein großes Vermögen verfügt, zieht für die Abfassung seines Testaments am besten einen Notar zu Rate, der ihn über die gesetzliche Erbfolge informiert und ihn bei der Niederschrift seines letzten Willens berät. In diesem Fall bezeichnet man das Testament als „Öffentliches Testament".

Die meisten Menschen besitzen zwar keine Reichtümer, wohl aber manchmal · kleine Werte, die ihnen lieb sind, so daß sie diese nach ihrem Ableben in die richtigen Hände übereignen wollen.

In diesem Fall kann man selbständig ein Testament aufsetzen. Dieses Testament muß eigenhändig mit der Hand geschrieben sein und mit der vollen Unterschrift gezeichnet werden. Sein Testament kann man zu Hause aufbewahren oder beim Gericht hinterlegen. Wichtig ist, daß es auch das Datum der Ausfertigung enthält. Das ist dann besonders von Bedeutung, wenn dieses Testament widerrufen wird. Dann kann man sich mit dem Datum auf das Testament beziehen.
Beispiele:

Mein letzter Wille

Als Erben setze ich ein:

meine Ehefrau (Name, Geburtsname),
meine Tochter (Name, Geburtsname),
meinen Sohn (Name)
...
Sie sollen mein Eigentum zu gleichen Teilen unter sich aufteilen.

Meine Briefmarkensammlung soll in den Besitz meines Bruders (Name) übergehen.

Unsere langjährige Hausangestellte, Frau (Name, Geburtsname), soll mit einem Geldgeschenk von 2000,00 DM bedacht werden.

Ich wünsche die Feuerbestattung.

(Datum und Unterschrift)

Mein Testament

Meine Schwester Angelika Neumann, geb. Diestel, ist meine einzige Verwandte. Ich setze sie als Erbin meines Geldvermögens ein. Außerdem soll sie erhalten:

...

Meinen Schmuck (...) soll mein Patenkind, (Name), bekommen. Ich wünsche die Erdbestattung.

(Datum und Unterschrift)

Eheleute, und nur solche, können ein gemeinschaftliches Testament aufsetzen. Dieses muß ebenfalls von einem der beiden Eheleute mit der Hand geschrieben werden. Beide müssen dieses Testament unterschreiben. Wenn man ein großes Vermögen hat oder viele Einzelheiten zu regeln sind, sollte man einen Rechtsanwalt (bei eigenhändigem Testament) oder einen Notar zu Rate ziehen.

Unser Testament

Wir setzen uns gegenseitig als Erben ein. Erbe des Letztverstorbenen sollen sein: unsere gemeinsamen Kinder und Enkel zu gleichen Teilen.

Ort, Datum

(Unterschrift des Mannes, Vorname, Name)
    (Unterschrift der Frau, Vorname, Name, Geburtsname)

Gesetzliche Erbfolge

Hat der Verstorbene kein Testament hinterlassen, wird sein Vermögen nach der gesetzlichen Erbfolge verteilt. Gesetzliche Erben sind außer dem Ehepartner nur die Verwandten. Die Verteilung erfolgt nach direkter Familienlinie. Der Ehepartner erbt in jedem Fall. Gesetzliche Erben 1. Ordnung sind die Kinder; wenn diese nicht mehr leben, die Enkel. Gesetzliche Erben 2. Ordnung sind die Eltern des Erblassers und deren Abkömmlinge. Sofern Erben einer der genannten Ordnungen existieren, bekommen die Erben der nächstfolgenden Ordnung nichts. Das heißt, die Erben der 2. Ordnung bekommen schon dann nichts, wenn Mitglieder der 1. Ordnung noch leben.

Erbvertrag

Wer einen Erbvertrag abschließen will, braucht die Zustimmung der Personen, mit denen er den Erbvertrag eingehen will. Vor einem Notar müssen beide Vertragspartner die Urkunde unterschreiben. Ein späterer Widerruf oder eine Änderung sind jedoch nicht so leicht möglich wie bei einem normalen Testament.

Erbschein

Für manche Nachlaßregelungen ist ein Erbschein erforderlich; etwa wenn vom Konto des Verstorbenen laufende Verpflichtungen beglichen werden müssen. Den Erbschein beantragt man über einen beliebigen Notar beim zuständigen Nachlaßgericht.

Pflichtteil

Wenn Ehegatten, Kinder oder Eltern im Testament nicht bedacht wurden, können sie einen Pflichtteil verlangen. Der Pflichtteil ist die Hälfte des Wertes vom Erbteil, das dem Anspruchsberechtigten bei der gesetzlichen Erbfolge zustehen würde.

Testamentsvollstrecker

Wenn an das Erbe eine Bedingung geknüpft werden soll oder wenn jemand vermeiden möchte, daß unter bestimmten Erben Streit entsteht, kann er einen Testamentsvollstrecker bestimmen: Einen Bekannten oder Verwandten, der die Verteilung des Vermögens nach dem Testament durchführt.
Selbstverständlich kann niemand gezwungen werden, ein solches Amt zu übernehmen. Andererseits ist der Testamentsvollstrecker bei der Übernahme des Amtes dazu verpflichtet, nach den Bestimmungen zu handeln, die im Testament festgelegt sind. Der Testamentsvollstrecker wird als Beauftragter im Testament namentlich erwähnt.
Grundsätzlich sind die Erben verpflichtet, ein ordentliches Begräbnis durchzuführen. Das Testament kann auch Bestimmungen über Art und Aufwand der Grabstätte enthalten (zum Beispiel Pflege des Grabes), deren Ausführung der Testamentsvollstrecker überwacht.

Anfechtung eines Testaments

Es gibt bestimmte Gründe, die ein Testament nichtig machen: u.a. Formfehler, Sittenwidrigkeit, ein unter Drogen entstandenes Testament, arglistige Täuschung etc. Ein Testament kann zum Beispiel angefochten werden, wenn der Erblasser nachweisbar nicht in Vollbesitz seiner geistigen Kräfte war, als er es verfaßte, oder weil er – was ebenfalls bewiesen werden muß – sein Testament unter Zwang und Drogen verfaßte. Anfechten können in jedem Fall nur die gesetzlichen Erben, also nicht etwa Nachbarn oder eine Freundin, die trotz eines mündlichen Versprechens im Testament nicht bedacht worden ist.
Bei der Anfechtung eines Testaments sollte man auf jeden Fall einen Rechtsanwalt zu Rate ziehen.
Ein Beispiel:

Amtsgericht Hagen
Postfach 00 00 00

5300 Hagen

Testamentsanfechtung

Ich, Eberhard Hamm, fechte hiermit das Testament meiner Mutter, Frau Elli Hamm, geb. Kuhlmann, verstorben am ..., an.
Meine Mutter setzte die St. Elisabeth Gemeinde in Hagen-Haspe als Alleinerbin ein und verfügte, daß das Kapital, das sie hinterlassen hat, zum Bau einer neuen Orgel verwendet werden sollte.
Ich fechte das Testament an, weil meine Mutter sich zur Zeit der Niederschrift des Testaments in einer Nervenheilanstalt befand. Sie war zu dieser Zeit nicht im Vollbesitz ihrer geistigen Kräfte. Das bestätigt eindeutig der beigefügte Bericht des behandelnden Arztes.

(Unterschrift)

1 Anlage

Eine Erbschaft wird ausgeschlagen

Den Erben steht es frei, das Erbe anzunehmen oder nicht. Es muß nämlich bedacht werden, daß mit der Annahme eines Erbes nicht nur Rechte verbunden sind, sondern auch Pflichten. Hat der Erblasser Schulden, so ist ein Erbe zu deren Tilgung verpflichtet. Der Antritt eines Erbes kann unter Umständen also ein sehr schlechtes Geschäft sein. In solchen Fällen genügt eine kurze schriftliche Erklärung, die beim zuständigen Amtsgericht abgegeben wird. Vorher sollte man sich auf jeden Fall aber von einem Rechtsanwalt beraten lassen. Das gilt besonders, wenn man sich über die genaue Vermögenslage nicht im klaren ist:

Amtsgericht München
Nachlaßgericht
Postfach 00 00 00

8000 München

Erbschaft...

Laut Testament vom 11. 07. 1973 bin ich als Haupterbe des am
09. 06. 19.. verstorbenen Emil Franz eingesetzt worden.
Hiermit erkläre ich, daß ich auf die Übernahme des Erbes verzichte.

(Unterschrift)

Testamentsänderung

Testamente dürfen auch geändert oder neu verfaßt werden. Am besten wird in solchen Fällen das zuerst geschriebene Testament vernichtet. Es kann aber auch durch ein neues Testament aufgehoben werden.

Vermächtnis

Neben dem Erbe gibt es noch das Vermächtnis. Ein solches Vermächtnis kann auch gleich mit in das Testament aufgenommen werden.

Ein Beispiel dafür:

Nachtrag zu meinem Testament vom...

Hiermit bestimme ich, daß meine treue Pflegerin, Frau Monika Bürger, als Vermächtnis meinen Fernsehapparat, meine Nähmaschine und meinen Staubsauger erhält.

(Ort, Datum)   (Unterschrift)

Auflagen

Schließlich kann man noch gewisse Bedingungen an ein Testament knüpfen, die man „Auflagen" nennt, zum Beispiel:

Hiermit erteile ich meinen gesetzlichen Erben die Auflage, meine Katze bis zu deren Ableben zu pflegen. Ferner erlege ich ihnen auf, meiner Freundin, Frau..., bis zu deren Ableben zu jedem Geburtstag einen Strauß von 12 gelben Rosen zu senden.

(Ort, Datum)   (Unterschrift)

Krankenkasse

Zur Sozialversicherung sind alle Lohn- und Gehaltsempfänger bis zu einer bestimmten Einkommensgrenze verpflichtet. Wer darüber liegt, kann sich bei der Krankenkasse freiwillig weiterversichern. Unter bestimmten Voraussetzungen ist das auch bei der Rentenversicherung möglich. Eine Alternative zur freiwilligen Weiterversicherung in der Krankenkasse ist die private Krankenversicherung.

Die Sozialversicherung garantiert Sicherheit im Krankheitsfall, bei Unfall, bei Arbeitslosigkeit und im Alter. Bei besonderen Aufwendungen hat der Versicherte unter bestimmten Voraussetzungen Anspruch auf Leistungen der Krankenkasse.

Krankengeld

Ist man wegen einer Krankheit oder eines Arbeitsunfalls arbeitsunfähig, steht dem pflichtversicherten Beschäftigten und unter Umständen auch dem freiwillig Versicherten ein Krankengeldanspruch zu, sofern er vom Arbeitgeber keine Lohn- und Gehaltsfortzahlung mehr erhält. Bei der privaten Krankenversicherung schließt man hierzu eigene Tarife ab. Beantragen können Sie das Krankengeld durch Vorlage einer ärztlichen Arbeitsunfähigkeitsbescheinigung bei Ihrer Krankenkasse.

Krankengeld bei Krankheit eines Kindes

Versicherte erhalten unter Umständen ein Krankengeld, wenn es nach ärztlichem Zeugnis erforderlich ist, daß Sie wegen der Beaufsichtigung, Betreuung oder Pflege eines unter 8 Jahren alten Kindes Ihrer Arbeit fernbleiben müssen und dadurch einen Verdienstausfall erleiden. Nähere Informationen zu diesem Thema hält für Sie Ihre Krankenkasse bereit.

Hilfsmittel

Die Krankenkassen, egal ob gesetzliche oder private, erstatten Hilfsmittel, wie etwa Prothesen, Rollstühle, Hörgeräte, Stützapparate oder orthopädische Schuhe, wenn diese medizinisch notwendig sind.

Kuren

Kuren gehören zu den Leistungen, die von den Krankenkassen als freiwillige Mehrleistungen übernommen werden können. Die Kosten können voll oder zum Teil übernommen werden. Die Übernahme der Kosten müssen Sie allerdings vor Antritt der Kur bei Ihrer Krankenkasse beantragen.

Bei privaten Krankenkassen ist es möglich, eigene Kurkosten-Tarife abzuschließen. Dann haben Sie im Rahmen der Tarifleistung auf jeden Fall Anspruch auf die Erstattung der Kurkosten.

Vorsorgeuntersuchungen

Für Mitglieder der gesetzlichen Krankenkassen und deren anspruchsberechtigte Familienangehörige besteht ein Anspruch auf kostenlose Vorsorgeuntersuchungen. Dazu gehören die Untersuchungen für Kinder zur Früherkennung von Krankheiten ebenso wie die Krebsvorsorgeuntersuchungen. Nähere Informationen hält Ihre Krankenkasse für Sie bereit.

Sterbegeld

Unter Vorlage einer amtlichen Sterbeurkunde und der Bestattungsrechnungen wird beim Tode eines Versicherten den Hinterbliebenen heute noch ein Sterbegeld ausgezahlt. Die Belege müssen Sie bei Ihrer Krankenkasse einreichen.

Diese allgemeine Regelung wird allerdings in Zukunft nicht mehr gelten. Der Gesetzgeber plant, dieses Sterbegeld abzuschaffen, weil es als versicherungsfremde Leistung eigentlich nicht zur Krankenkasse gehört. Wenn Sie wollen, daß Ihre Hinterbliebenen nach Einführung dieser neuen Regelung auch über ein Sterbegeld verfügen können, sollten Sie dieses über eine Lebensversicherung abschließen.

Schwangerschaft, Erziehungsgeld und Erziehungsurlaub

In der Schwangerschaft sind regelmäßige Vorsorgeuntersuchungen zum Schutz der Schwangeren und des Kindes notwendig. Diese Vorsorgeuntersuchungen werden von der Krankenkasse bezahlt. Der Arzt dokumentiert sie in einem Mutterpaß, den die Schwangere bei der ersten Vorsorgeuntersuchung erhält und in dem alle für die Schwangerschaft wichtigen Daten festgehalten werden. Diesen Mutterpaß sollten Schwangere ständig bei sich tragen, denn er enthält auch wichtige Informationen für Notfälle.

Einen Vorsorgeschein für die Mutterschaftsvorsorge können Sie bei Ihrer Krankenkasse beantragen:

AOK Hannover
Postfach 00 00 00

3000 Hannover

Mutterschaftsvorsorgeschein

Sehr geehrte Damen und Herren,

zur ärztlichen Kontrolle meiner Schwangerschaft bitte ich Sie, mir einen Mutterschaftsvorsorgeschein zuzusenden.

Freundliche Grüße
(Unterschrift)

Wer regelmäßig an den Vorsorgeuntersuchungen teilnimmt, bekommt von der Krankenkasse bestimmte Vergünstigungen, zum Beispiel einen finanziellen Obolus bei der Geburt. Näheres erfahren Sie hier bei Ihrer Krankenkasse.
Für berufstätige Mütter beginnt sechs Wochen vor dem Geburtstermin, den der Arzt errechnet hat, die Mutterschutzfrist. Sie dauert bis 2 Monate nach der Geburt. In dieser Zeit darf die Mutter nicht arbeiten. Ihr Gehalt erhält sie weiter. Für die Berechnung wird der Einkommensdurchschnitt der letzten Monate zugrunde gelegt. Das Gehalt wird zur Hälfte vom Arbeitgeber, zur anderen Hälfte von der Krankenkasse gezahlt.
Die Krankenkasse bezahlt auch alle Krankenhaus- oder Arztkosten, die im Zusammenhang mit der Geburt entstehen. Für Hausgeburten oder ambulante Geburten gelten spezielle Regelungen, die Sie am besten bei Ihrer Krankenkasse erfragen:

DAK Dortmund
Postfach 00 00 00

4600 Dortmund 1

Hausgeburt

Sehr geehrte Damen und Herren,

ich möchte gerne, daß unser Kind in unserer häuslichen Umgebung das Licht der Welt erblickt. Dazu habe ich mich auch schon mit einer Hebamme und einem Arzt in Verbindung gesetzt, die mich bei der Geburt unterstützen wollen.
Bitte teilen Sie mir mit, in welcher Höhe Sie die Kosten für diese Geburt übernehmen.

Mit freundlichen Grüßen
(Unterschrift)

Erziehungsgeld

Wird ein Kind geboren, erhält die Mutter oder der Vater unabhängig vom Einkommen im 1. Lebensjahr ihres Kindes ein Erziehungsgeld von 600,00 DM im Monat. Voraussetzung ist allerdings, daß sie ihr Kind selbst betreuen. Vom 7. Monat an gelten bestimmte Einkommensgrenzen. Werden mehrere Kinder (zum Beispiel Zwillinge) von einer Person betreut, so wird das Erziehungsgeld jedoch nur einmal gezahlt.
Im Gegensatz zum Mutterschaftsurlaubsgeld erhalten alle, auch Hausfrauen und Selbständige, das Erziehungsgeld. Auch Väter können Erziehungsgeld bekommen.
Das Erziehungsgeld wird vom Bund bezahlt. In den einzelnen Fällen gibt es verschiedene Regelungen, wo man es beantragen muß:

In Baden-Württemberg:	Landeskreditbank
in Bayern:	Versorgungsamt
in Berlin:	Bezirksamt
in Bremen:	Arbeitsamt
in Hamburg:	Arbeitsamt
in Hessen:	Versorgungsamt

in Niedersachsen:	Arbeitsamt
in Nordrhein-Westfalen:	Versorgungsamt
in Rheinland-Pfalz:	Jugendamt
im Saarland:	Arbeitsamt
in Schleswig-Holstein:	Arbeitsamt

Welches Amt Sie persönlich betreut, erfahren Sie auch bei Ihrer Gemeinde oder bei Ihrer Krankenkasse. Formulare für den Antrag bekommen Sie bei Ihrem Arbeitgeber, bei der Gemeinde oder dem zuständigen Amt. Das Erziehungsgeld sollte man am besten sofort nach der Geburt beantragen. Wenn Sie das Erziehungsgeld später beantragen, kann es nur für 2 Monate rückwirkend gezahlt werden. Über Details informiert Sie hier die zuständige Stelle oder eine Broschüre „Bundeserziehungsgeldgesetz", die man vom Bundesminister für Jugend, Familie und Gesundheit, Postfach 2 00 94 in 5300 Bonn 2 beziehen kann. Dort sind jeweils die aktuellen Regelungen dokumentiert.

Erziehungsurlaub

Durch den Erziehungsurlaub haben Mütter und Väter die Möglichkeit, das Kind im 1. Lebensjahr zu betreuen. Wenn beide arbeiten, können sie frei entscheiden, wer von beiden – nach Ablauf der Mutterschutzfrist – den Erziehungsurlaub nimmt. Auch der Erziehungsurlaub muß rechtzeitig beantragt werden. Wer diesen Urlaub nehmen will, muß ihn spätestens einen Monat, bevor er beginnen soll, bei seinem Arbeitgeber beantragen und verbindlich erklären, wie lange der Erziehungsurlaub dauern soll (maximal 10 Monate). Eheleute können sich den Erziehungsurlaub untereinander aufteilen. Zum Beispiel kann die Mutter die ersten Monate und der Vater die restlichen Monate Urlaub nehmen (bei nicht verheirateten Eltern gilt diese Regelung nicht).

Während des Erziehungsurlaubs darf der Arbeitgeber das Arbeitsverhältnis nicht kündigen. Solange jemand, der in einer gesetzlichen Krankenversicherung versichert ist, Erziehungsgeld erhält, bleibt er dort beitragsfrei versichert. Sie brauchen auch keine Angst zu haben, daß die Zeit des Erziehungsurlaubs bei der Rentenberechnung verlorengeht. Das 1. Lebensjahr des Kindes wird der Mutter oder dem Vater als Erziehungsjahr angerechnet.

Polizei

Um den Bürgern den größtmöglichen Schutz zu bieten, ist die Polizei bemüht, eng mit der Bevölkerung zusammenzuarbeiten. Als „Mädchen für alles" bezeichnet sich die Polizei scherzhaft, wenn sie durch ihren Einsatz rund um die Uhr zur Anlaufstelle für alle Zuständigkeiten wird, die sich während der normalen Öffnungszeiten auf andere Behörden verteilen.
Ihre eigenen Aufgaben lassen sich grob in drei Hauptgebiete einteilen: Abwehr von Gefahren – Schutz vor Ordnungswidrigkeiten – Verfolgung strafbarer Handlungen.

Notruf 110

Bei akuter Gefahr ist der Weg zur nächsten Polizeistelle meist zu weit. Aus diesem Grund wurde der Notruf mit dem Ruf 110 eingerichtet. Durch diesen kann rasche Hilfe bei Unfall, Überfall oder anderen Notfällen angefordert werden. Zu einer raschen Hilfe kann es allerdings nur kommen, wenn die 110 ausschließlich in dringenden Anliegen benutzt und schnell wieder freigegeben wird. Für Anfragen, Auskünfte, Ratschläge und andere Anliegen sollen im eigenen Interesse nur die Rufnummern der jeweiligen Polizeistellen benutzt werden. Sie sind in jedem Telefonbuch zu finden.

Fahndungsmeldung

Eine Person ist plötzlich verschwunden, ein mutmaßlicher Täter konnte sich aus dem Staube machen, ein hilfloser Kranker hat sich verirrt, ein Verzweifelter mit Selbstmordabsichten wird vergeblich gesucht: Fälle, in denen sich Angehörige und Betroffene an die Polizei wenden können. Mit Hilfe der modernen Übertragungstechnik leitet die Polizei daraufhin eine Fahndung ein. Für Fahndungsmeldungen gibt es bei den Polizeidienststellen Formulare, die ausgefüllt und mit notwendigen Erkennungshilfen (Fotos etc.) ergänzt werden.
Hat sich der Vermißte womöglich von selbst wieder eingefunden, sollte die Polizeidienststelle unverzüglich benachrichtigt werden; anderenfalls kann es böse Überraschungen geben: Sämtliche Kosten, die nach dem Wiederauftauchen des Gesuchten (und Unterlassen nach Verständigung der Polizei) entstehen, muß der Betroffene selbst tragen. Das kann eine stattliche Summe werden!

Hinweis auf Gefahr

Bei der Abwehr von Gefahren ist die Polizei auf die Mitarbeit der Bevölkerung angewiesen, um eventuell Hilfsmaßnahmen einleiten zu können. Bei drohendem Unglück nimmt jede Polizeidienststelle Meldungen entgegen:

Polizeidienststelle
Hameln
Postfach 00 00 00

3250 Hameln

Einsturzgefahr

Sehr geehrte Herren,

nach den schweren Stürmen in der letzten Woche besteht die Gefahr, daß auf dem Spielplatz in der Eichstraße Äste eines hohen Baumes abbrechen. Dadurch kommt es für die Kinder zu einer akuten Verletzungsgefahr.
Ich bitte Sie, die Gefahrenzone zu sperren und für Abhilfe zu sorgen.

Mit freundlichen Grüßen
(Unterschrift)

Es kann aber auch vorkommen, daß Straßenrowdies Straßen in Wohngebieten dazu nutzen, um private Rennen auszutragen. In diesem Fall kann man sich so an die Polizei wenden:

Polizeidienststelle
Bönen
Postfach 00 00 00

4703 Bönen

Sehr geehrte Damen und Herren,

in der letzten Zeit kommt es häufig vor, daß unsere Straße (...) von
Motorradfahrern als Rennpiste benutzt wird.
Einmal abgesehen davon, daß damit sehr hohe Lärmbelästigungen für
uns Anwohner verbunden sind, gefährden die Motorradfahrer auch die
Sicherheit unserer Kinder, die den schnellen Fahrzeugen manchmal nur
knapp ausweichen können. Daß es bis heute noch zu keinem Unfall
gekommen ist, grenzt an ein Wunder.
Wir haben auch schon versucht, mit den jungen Leuten über dieses
Problem zu reden, aber ohne Erfolg. Wir haben lediglich einige
Beschimpfungen abbekommen.
Deshalb bitten wir Sie, daß Sie sich diesem Problem annehmen und
durch Verkehrskontrollen vielleicht Abhilfe schaffen.

Freundliche Grüße
(Unterschrift)

Sondergenehmigung zum Parken

Umzüge kommen alle Tage vor, aber selten zieht jemand in eine Straße, in der
sein Möbelwagen mühelos vor dem Haus einen Parkplatz findet. Vorsorglich
sollte er daher gleichzeitig mit dem Möbelwagen eine Erlaubnis zum Parken vor
seiner Haustür bestellen:

Straßenverkehrsbehörde
Dortmund
Postfach 00 00 00

4600 Dortmund 1

Sondergenehmigung zum Parken

Sehr geehrte Damen und Herren,

am 15. 12. 19.. werde ich mit meiner Familie in die Eisenstraße 13 einziehen. Den Umzug werden wir mit einem Möbelwagen (14 Meter Länge) durchführen.
Ich bitte Sie, für den Tag unseres Umzugs vor dem Haus Nr. 13 in der Eisenstraße Halteverbotsschilder aufzustellen. Vielen Dank.

Freundliche Grüße
(Unterschrift)

Beschwerde über einen Polizeibeamten

Polizeibeamte erfüllen ihre Dienstpflicht. Sie geraten daher unter Umständen in schwierige Konfliktsituationen und sind nicht zuletzt oft gezwungen, schnell eine Entscheidung zu treffen.
Daher kann es vorkommen, daß ein Polizeibeamter z. B. bei einer Straßenverkehrskontrolle einen Bürger völlig zu Unrecht grob behandelt oder beschuldigt. Wenn man den Fall nicht vor Ort wieder ins Lot bringen kann, was man auf jeden Fall zuerst versuchen sollte, bleibt nur der Weg einer Beschwerde. Diese Beschwerde kann man schriftlich an die Polizeidienststelle des Ortes richten, in dem einem Unrecht geschah.

Rentenamt

Versicherungspflichtige Arbeiter und Angestellte haben einen gesetzlichen Anspruch auf eine Rente, wenn die vorgeschriebene Versicherungszeit erfüllt wurde. Darüber hinaus gibt es Situationen, in denen Sonderregelungen erforderlich sind. Dazu ist in der Regel eine individuelle Beratung notwendig. Deshalb können die nachstehenden Beispiele nur erste Hinweise sein.

Berufsunfähigkeitsrente

Krankheit, Gebrechen oder Schwäche der Körper- und Geisteskräfte können die Erwerbsfähigkeit entscheidend mindern. Ist die Leistungsfähigkeit um mehr als 50% eingeschränkt, hat der Versicherte Anspruch auf eine Berufsunfähigkeitsrente. Voraussetzung ist allerdings, daß eine Mindestversicherungszeit bestanden hat. Dann kann die Rente beim Rentenversicherungsträger beantragt werden.

Hinterbliebenenrente

Nach dem Tod des Versicherten erhalten seine Hinterbliebenen eine Rente, wenn dem Verstorbenen zur Zeit seines Todes Versichertenrente zustand oder er zu diesem Zeitpunkt eine Versicherungszeit von 60 Kalendermonaten erfüllt hat. Sind diese Voraussetzungen gegeben, erhalten folgende Hinterbliebene eine Rente:
Die Witwe, wenn die Ehe beim Tod des Versicherten noch rechtsgültig bestanden hat; der Ehemann, sofern die versicherte Ehefrau den Unterhalt der Familie überwiegend bestritten hat; die ehelichen Kinder; die in den Haushalt des Rentenberechtigten aufgenommenen Stiefkinder; die für ehelich erklärten oder adoptierten Kinder; die unehelichen Kinder eines oder einer Versicherten; Pflegekinder; geschiedene Ehegatten, wenn der Versicherte zur Zeit seines Todes Unterhalt nach den Vorschriften des Ehegesetzes oder aus sonstigen Gründen zu leisten hatte oder wenn er im letzten Jahr vor seinem Tode Unterhalt geleistet hat.
Die Ansprüche müssen dem Rentenversicherungsträger gemeldet werden. Besteht kein Anspruch auf Versicherten- oder Hinterbliebenenrente, so kann den Hinterbliebenen unter Umständen eine Kapitalabfindung zustehen. Bitte fragen Sie in diesem Fall bei dem Versicherungsträger nach.

Wiederaufleben der Witwen- und Witwerrente

Hat eine Witwe oder ein Witwer sich wieder verheiratet und wird diese Ehe aufgelöst oder für nichtig erklärt, so tritt der Anspruch auf Witwen- oder Witwerrente vom Ablauf des Monats an wieder in Kraft, in dem die Ehe aufgelöst und für nichtig erklärt ist. Der Antrag muß spätestens 12 Monate nach diesem Zeitpunkt gestellt werden. Ein Versorgungs-, Unterhalts- oder Rentenanspruch, der von der Witwe oder dem Witwer infolge einer Auflösung der neuen Ehe erworben wurde, ist auf die Witwen- oder Witwerrente anzurechnen:

Bundesversicherungsanstalt für Angestellte
Postfach 00 00 00

1000 Berlin 88

Witwenrente
Rentennummer...

Sehr geehrte Damen und Herren,

mein 2. Mann ist vor zwei Wochen gestorben. Ich möchte das Wiederaufleben meiner vorher bezogenen Witwenrente beantragen und bitte darum, mir die entsprechenden Formulare zuzusenden.

Freundliche Grüße
(Unterschrift)

Antrag auf Klärung des Versicherungsverlaufs

Es kann Unklarheit darüber bestehen, ob dem Rentenversicherungsträger alle Zeiten bekannt sind, die für die Rentenberechnung notwendig sind. In diesem Fall stellt man bei einem Rentenversicherungsträger einen Antrag auf Klärung des Versicherungsverlaufs:

Bundesversicherungsanstalt für Angestellte
Postfach 00 00 00

1000 Berlin 88

Antrag auf Klärung des Versicherungsverlaufs
Rentennummer...

Sehr geehrte Damen und Herren,

ich bin mir nicht sicher, ob Sie die Ausfallzeiten, die durch meine Schwangerschaft entstanden sind, beim Rentenverlauf berücksichtigt haben. Ich bitte Sie deshalb, dieser Frage nachzugehen. Die notwendigen Unterlagen (Kopie des Mutterpasses, Bewilligungsbescheid des Erziehungsgeldes etc.) habe ich beigefügt.

Freundliche Grüße
(Unterschrift)

Anlagen

Schule

Alle Kinder, die bis zum 30. Juni des jeweiligen Jahres das 6. Lebensjahr vollendet haben, sind gesetzlich verpflichtet, eine Schule zu besuchen. Kinder, die zwischen dem 1. Juli und 31. Dezember das 6. Lebensjahr vollenden, können auf Antrag der Erziehungsberechtigten in die Schule aufgenommen werden, wenn sie die Reife besitzen, die für den Schulbesuch erforderlich ist.

Eine Entscheidung darüber trifft der Schulrat. Zur Feststellung der Schulreife können neben der schulärztlichen Untersuchung besondere Schulreifetests angewendet werden. Die Eltern sollten sich einen solchen Schritt aber gut überlegen. Häufig ist es sinnvoller, das Kind nicht durch die Prüfungsprozeduren zu jagen und es erst ein Jahr später einzuschulen.

Ist das Kind einmal vorzeitig in die Schule aufgenommen worden, so wird es mit dem Beginn des Schuljahres schulpflichtig. Das bedeutet, daß für alle Beurlaubungen und jedes Fernbleiben schriftliche Mitteilungen der Erziehungsberechtigten an den Klassenlehrer oder den Schulleiter erforderlich sind.

Bitte um Beurlaubung

Gesuche um Beurlaubung eines Schülers werden an den Schulleiter gerichtet. Der Klassenlehrer ist nur dann zuständig, wenn der Urlaub nicht mehr als einen Tag beträgt. Selbstverständlich muß das Gesuch vor dem Fernbleiben des Schülers gestellt werden, denn es könnte ja sein, daß keine Genehmigung erteilt wird. Es ist erforderlich, die Bitte um Beurlaubung zu begründen:

Herrn Rektor
Friedrich H. Michel
Elisabethschule
Am Domplatz 5

6500 Mainz

Beurlaubung vom Unterricht

Sehr geehrter Herr Rektor,

ich möchte Sie bitten, meinen Sohn Oliver Böhm, Schüler der 3. Klasse, für die Zeit vom 19. 05. 19.. bis einschließlich 21. 05. 19.., also für drei Tage, vom Unterricht zu beurlauben.
Wir alle werden in dieser Zeit in München sein, um die Hochzeit meines ältesten Sohnes zu feiern. Eine Aufsichtsperson für Oliver haben wir nicht. Sie werden verstehen, daß wir ihn nicht allein zurücklassen können. Wir haben mit seiner Klassenlehrerin vereinbart, daß Oliver den versäumten Unterrichtsstoff mit unserer Hilfe nachholt.

Mit freundlichen Grüßen
(Unterschrift)

Unter Umständen kann es notwendig sein, die Schule um eine Verlängerung der Ferien zu bitten. Man sollte das möglichst noch vom Urlaubsort aus tun, denn in der Schule wird die Post auch in den Ferien bearbeitet. Es wäre falsch und könnte die Schulbehörde auf den Plan rufen, wollte man – außer im Notfall – die Ferien ohne Gesuch verlängern und erst nachträglich eine Entschuldigung einreichen. Triftige Gründe für eine Ferienverlängerung wären zum Beispiel: Die Erkrankung des Schülers (ärztliches Attest mit einsenden!), die Erkrankung eines anderen Familienmitgliedes, das sich mit der Familie am Ferienort befindet, oder eine Kurverlängerung von Vater oder Mutter etc., die ärztlicherseits als notwendig erachtet wird (Attest erforderlich).

Entschuldigungen

Entschuldigungen wegen Krankheit werden an den Klassenlehrer gerichtet. Fehlt der Schüler nicht länger als 3 Tage, so reicht es aus, wenn er die Entschuldigung nach der Krankheit persönlich abgibt. Dauert die Erkrankung jedoch länger, muß die Entschuldigung per Brief an die Schule geschickt werden. Ein ärztliches Attest muß nicht sofort eingereicht werden, das ist erst bei einer längeren Erkrankung auf Wunsch des Lehrers erforderlich.

Herrn Dr. Franz Milde
Märkisches Gymnasium
Ahornalle 12

4400 Münster

Sehr geehrter Herr Dr. Milde,

da meine Tochter Renate an einer akuten Mittelohrentzündung leidet, kann sie bis auf weiteres nicht die Schule besuchen.
Ich bitte, Ihr Fehlen zu entschuldigen.

Freundliche Grüße
(Unterschrift)

Beschwerden über Lehrer

Die Schule legt im allgemeinen Wert auf eine enge Zusammenarbeit zwischen Eltern, Kindern und Lehrern. Um ein bestehendes Vertrauensverhältnis nicht zu belasten, sollte daher jeder Vorwurf, jedes Mißverständnis zunächst mit dem Klassenlehrer besprochen werden. Es kommt oft genug vor, daß Kinder ihren Eltern gegenüber einen Vorfall oder Sachverhalt nur aus ihrer Perspektive darstellen.
Es kann also nur von Vorteil sein, wenn sich die Eltern oder Erziehungsberechtigten ein möglichst objektives Bild verschaffen, indem sie zunächst beide Seiten anhören. Kommt es bei dem Gespräch zu keiner Einigung, so wenden sich die Betroffenen mit einem Problem, das die ganze Klasse angeht, an den Elternbeirat der Klasse, bei speziellen Anliegen an die Schulpflegschaft oder den Schulleiter. Ein Beschwerdebrief könnte etwa so aussehen:

Herr Rektor
Erich Markmann
Beisenkamp Schule
Alleestraße 4

4750 Unna

Sehr geehrter Herr Rektor,

meine Tochter Jutta Öhm hat einen Sehfehler. Sie ist Schülerin der
4. Klasse bei Frau Zeidler.
Jutta ist bereits des öfteren wegen ihrer eingeschränkten Sehfähigkeit
von Mitschülern gehänselt worden, was sie sehr gekränkt hat und dazu
führte, daß sie schließlich nur mit Furcht und Widerwillen zur Schule
ging.
Ich bat die Klassenlehrerin in einem persönlichen Gespräch, später
schriftlich, gegen diese Hänseleien einzuschreiten. Leider ohne Erfolg.
Auf mein Schreiben hat Frau Zeidler noch nicht einmal geantwortet.
Schlimmer ist jedoch noch, daß Frau Zeidler auch durch ihr eigenes
Verhalten dafür sorgt, daß meine Tochter immer bedrückter wird.
Äußerungen wie „Na ja, wer schief guckt, kann nicht gerade lesen"
tragen sicher nicht dazu bei, eine sehbehinderte Schülerin zum Lesen
zu motivieren.
Ich sehe nun keinen anderen Ausweg mehr, als Sie, sehr geehrter Herr
Rektor, zu bitten, sich der Sache anzunehmen. Ich bin auch gerne noch
einmal zu einem Gespräch mit Frau Zeidler bereit, denn ich möchte, daß
wir gemeinsam meine Tochter unterstützen und nicht gegeneinander
arbeiten.

Mit freundlichen Grüßen
(Unterschrift)

Die vorsorglich angefertigte Kopie eines solchen Briefes schickt man, wenn auch
die Schulleitung versagt, mit einem Begleitschreiben an das zuständige Schulamt.
Diese letzte Instanz sollte jedoch erst dann eingeschaltet werden, wenn ein
Appell an die Klassen- und Schulleitung erfolglos war.

Einspruch gegen die Einweisung in eine Sonderschule

Auffällige Verhaltensstörungen eines Schulkindes veranlassen den Lehrer manchmal, sich für die Einweisung des betreffenden Kindes in eine Sonderschule auszusprechen. Die Einweisung kann allerdings nur nach einem Melde- und Überprüfungsverfahren vorgenommen werden; dagegen können Erziehungsberechtigte Einspruch einlegen.

Schulaufsichtbehörde Soest
Postfach 00 00 00

4770 Soest

Einspruch gegen die Einweisung in eine Sonderschule
Schüler: Rolf Martens

Sehr geehrte Damen und Herren,

als Eltern des Schülers Rolf Martens legen wir Einspruch ein gegen die Einweisung unseres Sohnes in eine Sonderschule. Gleichzeitig verlangen wir, darüber aufgeklärt zu werden, welche Maßnahmen die Schule ergreifen will, um Rolfs angeblichen Schwierigkeiten abzuhelfen.

Mit freundlichen Grüßen
(Unterschrift)

Vorzeitige Ausschulung

Ein zeitweiliger oder dauernder Ausschluß eines Schülers von der bisher besuchten Schule ist nur in seltenen Fällen zulässig. Es können allerdings Situationen eintreffen, in denen es erforderlich ist, den betreffenden Schüler sofort aus der Klasse zu weisen oder vom weiteren Schulbesuch auszuschließen. Das ist vor allem dann gegeben, wenn der Schüler seine Mitschüler gefährdet. Das individuelle Recht auf den Schulbesuch findet dort seine Grenzen, wo entscheidende Rechte der anderen Schüler verletzt oder gefährdet werden. Schwerwiegende Vorwürfe gegen einen Mitschüler könnten dazu führen, daß der Elternbeirat zu einem Schreiben an die Schulaufsichtsbehörde veranlaßt wird.

Schulaufsichtsbehörde Soest
Postfach 00 00 00

4770 Soest

Antrag auf Ausschulung des Schülers Mark Heringsfeld

Sehr geehrte Damen und Herren,

als Elternbeiratsvorsitzender der Klasse 11 des Städtischen Gymnasiums
Werl wende ich mich an Sie mit einer Beschwerde über den Schüler
Mark Heringsfeld.
Dieser Schüler fiel von Anfang an in der Schule auf, weil er ständig den
Unterricht störte und seine Mitschüler ablenkte. In letzter Zeit hat sich
dieses Verhalten zugespitzt. Als unzumutbar empfinden wir es, wenn der
Schüler Heringsfeld pornographische Schriften mit in die Schule bringt.
Auch sein aggressives Verhalten gibt uns zu denken: Vor kurzem hat er
seinen Mitschüler gezwungen, eine Zigarette zu kauen und herunterzu-
schlucken.
Leider lassen die Eltern des Schülers nicht mit sich reden, so daß wir
keine Chance sehen, hier positiven Einfluß ausüben zu können.
Als Eltern der Klasse 11 beantragen wir daher, den Schüler Mark
Heringsfeld vorzeitig auszuschulen.

Mit freundlichen Grüßen
(Unterschrift)

Ein solcher Antrag sollte nur dann in Erwägung gezogen werden, wenn alle
anderen Lösungsmöglichkeiten ausgeschöpft wurden: wenn z. B. alle Vorge-
spräche mit den Eltern des betroffenen Kindes zu nichts geführt haben, etwa weil
die Eltern sich nicht um den Jungen kümmern. In diesem Fall ist es wahrscheinlich
sogar zum Vorteil des Kindes, wenn das Schulamt auf den Jungen aufmerksam
gemacht und zu sozialpsychologischen Maßnahmen veranlaßt wird. Im Fall
einer vorzeitigen Ausschulung muß sich das Schulamt um die weitere Unterbringung des Schülers kümmern.

Antrag auf Verlängerung der Vollzeitschulpflicht

Für schulpflichtige Kinder besteht Vollzeitschulpflicht für die Dauer von 9 Jahren. Die Vollzeitschulpflicht endet spätestens mit dem erfolgreichen Besuch der 9. Klasse. Für Schüler, die das Ziel der Hauptschule nicht erreicht haben, kann der Schulrat auf Antrag der Erziehungsberechtigten oder des Schulleiters die Vollzeitschulpflicht um ein Jahr verlängern. Dies ist jedoch nur zulässig, wenn die begründete Aussicht besteht, daß der Schüler durch einen weiteren Schulbesuch wesentlich gefördert werden kann.
Beispiel:

Herrn Schulrat Heinz Kesper
Schulaufsichtsbehörde Soest
Postfach 00 00 00

4770 Soest

Antrag auf Verlängerung der Vollzeitschulpflicht
Schülerin: Martina Kleibömer, Klasse 9a

Sehr geehrter Herr Schulrat,

durch einen schweren Verkehrsunfall im letzten Jahr war unsere Tochter mehrere Monate ans Bett gefesselt. Martina versäumte dadurch einen wesentlichen Teil des Unterrichts im letzten Schulhalbjahr.
Da wir davon ausgehen, daß das letzte Schuljahr besonders wichtig für die Berufsfindung ist, bitten wir um eine Verlängerung der Vollzeitschulpflicht für Martina.

Mit freundlichen Grüßen
(Unterschrift)

Befreiung von einem Unterrichtsfach

Schüler können aus bestimmten Gründen von einigen Unterrichtsfächern befreit werden. Sprechen gesundheitliche Fakten gegen einen Sportunterricht, stellen bei minderjährigen Schülern die Eltern den Antrag, volljährige Schüler müssen die Befreiung selbst beantragen. Ein ärztliches Gutachten muß auf jeden Fall dem Antrag beigefügt werden.

Schüler zwischen dem 12. und 14. Lebensjahr können sich mit Zustimmung der Eltern vom Religionsunterricht befreien lassen. Ohne Zustimmung der Eltern ist das vom 14. Lebensjahr an, in Bayern, Rheinland-Pfalz und im Saarland vom 18. Lebensjahr an möglich. Die Befreiung muß schriftlich beantragt werden. Die Schulleitung kann allerdings den Schüler dazu verpflichten, an einem Ersatzunterricht teilzunehmen.

Herrn Direktor Wilhelm Take
Franz-Liszt-Gymnasium
Wilhelmstr. 12

6500 Mainz

Sehr geehrter Herr Direktor Take,

unser Sohn Sebastian besucht die Klasse 7c an Ihrem Gymnasium. Obwohl wir ihn im christlichen Glauben erziehen, halten wir es nicht für sinnvoll, daß er an einem konfessionellen Religionsunterricht teilnimmt.
Daher möchten wir ihn vom Religionsunterricht abmelden.

Freundliche Grüße
(Unterschrift)

Soziale Einrichtungen

Jeder Bürger, der sich in einer Notlage befindet, hat Anspruch auf soziale Hilfe; sie steht ihm gesetzlich zu und macht ihn unabhängig von freiwilliger Unterstützung oder Barmherzigkeit anderer.
Zahlreiche Stellen stehen ihm zur Verfügung, an die sich der Hilfesuchende wenden kann. Das Hilfsangebot für den Bürger ist inzwischen so erweitert worden, daß der Überblick manchmal schwerfällt. Das liegt u. a. an der Gemeindestruktur, die von Ort zu Ort verschieden sein kann.
Im Zweifel wendet sich der Ratsuchende mit seinem Antrag oder der Bitte um Auskunft an das Rathaus, in kleineren Gemeinden auch an einen Ortsvorsteher oder Bürgermeister. In den Gemeindeverwaltungen sitzen verständnisvolle Menschen, die dafür sorgen, daß begründete Anliegen an die zuständigen Stellen weitergeleitet werden.

Wohngeld

Das Wohngeld ist ein Zuschuß zur Miete. Es wird für alle Arten von Wohnungen in allen Städten und Gemeinden der Bundesrepublik gezahlt, unter bestimmten Voraussetzungen auch an Bewohner von Altenheimeinrichtungen. Ob man Wohngeld erhält, ist abhängig von der Größe der Familie, der Höhe der Miete oder Belastung, vom Familieneinkommen und der gesetzlich geregelten zumutbaren Eigenbelastung. In Städten ab 20 000 Einwohner sind Anträge an das Sozialamt zu richten, in den übrigen Gemeinden an den „Kreisausschuß des Landkreises".

Ausbildungsbeihilfe nach dem BSHG

Ist eine Familie finanziell nicht in der Lage, ihrem Kind eine Ausbildung für einen angemessenen Beruf oder den Besuch einer mittleren oder höheren Schule (auch Fachschule etc.) zu ermöglichen, kann sie Ausbildungsbeihilfen nach dem BSHG (Bundessozialhilfegesetz) beantragen. Die Ausbildung muß in der Regel vor dem 25. Lebensjahr begonnen und der Auszubildende für den Beruf geeignet sein. Auch die Leistungen des Auszubildenden müssen die Hilfe rechtfertigen. Je nach Art der Hilfe gelten unterschiedliche Einkommensgrenzen. Anträge sind zusammen mit dem Einkommensnachweis an das Sozialamt oder die Gemeindeverwaltung des jeweiligen Wohnsitzes zu richten.

Hilfe zum Lebensunterhalt

Wer kein oder ein zu niedriges Einkommen hat und über kein verwertbares Vermögen verfügt oder wer aus Altersgründen, wegen Krankheit oder aus anderen Gründen nicht arbeitsfähig ist, hat Anspruch auf Hilfe nach dem Bundessozialhilfegesetz (BSHG). Die Unterstützung wird nach sogenannten „Regelsätzen" bemessen, zum Beispiel darf das Durchschnitts-Monatseinkommen eine bestimmte Höhe nicht überschreiten. Sie setzt sich zusammen aus einem Grundbetrag für den Haushaltsvorstand, den Kosten der Unterkunft und einem begrenzten Zuschuß für jeden unterhaltsberechtigten Angehörigen.

Neben den laufenden Leistungen sind einmalige Beihilfen möglich, etwa für die Beschaffung von Bekleidung, Schuhen, Hausrat und Wäsche sowie für Winterbrand, also Heizmaterial. Auch Krankenversicherungsbeihilfe kann unter bestimmten Voraussetzungen übernommen werden. Anträge und Auskünfte darüber geben die Gemeindeverwaltungen des jeweiligen Wohnsitzes oder das Sozialamt beim Stadt- oder Landkreis.

Hilfe zur Pflege oder Weiterführung des Haushalts

Wer bettlägerig oder hilfebedürftig ist, so daß er ohne fremde Betreuung oder Pflege nicht auskommt, hat im Rahmen des BSHG gleichfalls Anspruch auf Unterstützung. Ihm werden z. B. Hilfsmittel zur Verfügung gestellt, die zur Erleichterung seiner Beschwerden beitragen können. Auch angemessene Aufwendungen bei Hilfe durch Familienangehörige oder Nachbarn können auf Antrag erstattet werden. Dazu gehören beispielsweise die Kosten, die entstehen, wenn keiner der Haushaltsangehörigen den Haushalt weiterführen kann – etwa bei Krankheit oder Erholungskur der Hausfrau. In solchen Fällen sind entweder die Sozialämter oder die Krankenkassen zuständig; beide sorgen zumindest dafür, daß die Bitte um Hilfe in die richtigen Hände gelangt.

Hilfe und Schutz für werdende Mütter

Bei anerkannter sozialer Bedürftigkeit nach dem BSHG haben werdende Mütter und Wöchnerinnen Anspruch auf ärztliche Betreuung und Hilfe, Hebammenhilfe, Versorgung mit Arzneien, Verband- und Heilmitteln, einen Pauschbetrag für die im Zusammenhang mit der Entbindung stehenden Aufwendungen, auf Pflege in einer Entbindungs- oder Krankenanstalt oder häusliche Betreuung und Pflege. Ein Mutterschaftsgeld steht ihnen ebenfalls zu. Ein Antrag ist an die Gemeindeverwaltung des jeweiligen Wohnsitzes oder an das Sozialamt beim Stadt- oder Landkreis zu richten.

Sozialamt Hamm
Postfach 00 00 00

4700 Hamm 1

Bitte um Hilfe während und nach der Schwangerschaft

Sehr geehrte Damen und Herren,

mein Mann und ich sind seit einem Jahr verheiratet. Ich bin als Auszubildende bei einem Friseur beschäftigt, mein Mann bekommt als
Gebäudereiniger auch nur einen geringen Lohn. Ersparnisse haben wir
noch keine.
Nun hat sich unerwartet ein Baby angemeldet. Da wir auch von unseren
Eltern keine Hilfe erwarten können, meine Eltern beziehen lediglich eine
geringe Rente, der Vater meines Mannes ist arbeitslos, wissen wir nicht,
wie wir die Kosten für die Schwangerschaft und die Pflege des Kindes
aufbringen sollen.
Wir bitten Sie deshalb, uns Formulare zuzusenden, damit wir Unterstützung beantragen können.

Mit freundlichen Grüßen
(Unterschrift)

Sobald Gewißheit über die Schwangerschaft und den voraussichtlichen Tag der
Entbindung besteht, sollte die werdende Mutter unverzüglich ihren Arbeitgeber
unterrichten. Er ist gesetzlich verpflichtet, bestimmte Vorschriften zum Schutze
des werdenden Lebens zu beachten und einzuhalten. Verlangt der Arbeitgeber
ein ärztliches Zeugnis über die Schwangerschaft, muß er die Kosten für diese
Bescheinigung selbst tragen.
Der Arbeitgeber ist gesetzlich verpflichtet, dem zuständigen Gewerbeaufsichtsamt die Schwangerschaft mitzuteilen. An diese Behörde kann sich die werdende
Mutter vor und nach der Entbindung mit allen Fragen und Problemen wenden,
die sich aus ihrem Arbeitsverhältnis und der Schwangerschaft ergeben. Das
Gewerbeaufsichtsamt ist für die Kontrolle der Schutzvorschriften zuständig. Es ist
ebenfalls einzuschalten, wenn gegen eine unberechtigte Kündigung protestiert
werden soll.

Genetische Beratung

Etwa 40 000 behinderte Kinder werden jährlich in der Bundesrepublik Deutschland geboren. Die Zahl könnte erheblich niedriger liegen, wenn die Eltern rechtzeitig Vorsorge treffen würden. Erbkrankheiten mit sogenannten „dominanten" Anlagen führen bei etwa 50% der Nachkommenschaft ebenfalls zur Erkrankung. „Rezessive" Anlagen, die schwächer gegenüber den dominanten sind, können mehrere Generationen überspringen, ehe sie in Erscheinung treten; manche Generationen treten auch nur bei einem Geschlecht auf; sie sind also geschlechtsgebunden. Auswirkungen von Erbkrankheiten, zu denen unter anderen Epilepsie, Diabetes, Bluterkrankheit gehören, können durch vorbeugende und heilende Maßnahmen gemildert werden.

Wer eine genetische Beratung wünscht, wendet sich zuerst an das nächste „Gesundheitsamt". Dort wird ihm weitergeholfen mit Adressen, an die er weitere Anfragen richten kann.

Behindertenhilfe

Für Kinder, Jugendliche und Erwachsene, die Behinderte nach den Vorschriften des BSHG sind, kann Unterbringung und Betreuung in Einrichtungen der Behindertenhilfe beantragt werden, etwa in Sonderkindertagesstätten, Werkstätten für Behinderte, Behandlungsstellen, Behandlungszentren oder Erholungsheimen. Maßgeblichen Anteil an der Behindertenarbeit haben vor allem die Verbände der freien Wohlfahrtspflege. Anfragen sind aber zunächst an das Sozialamt zu richten, das den Antrag weiterleitet an den Träger der Einrichtung oder der Maßnahmen.

Freifahrtberechtigung für Behinderte

Kriegs- und Wehrdienstbeschädigte sowie andere Behinderte sind unter bestimmten Voraussetzungen zur Freifahrt mit öffentlichen Nahverkehrsmitteln berechtigt. Auf Antrag erhalten die Betroffenen einen amtlichen Ausweis (Schwerkriegsbeschädigtenausweis, Schwerbeschädigtenausweis bzw. Schwerbehindertenausweis). Die unentgeltliche Beförderung erstreckt sich auch auf eine Begleitperson, sofern die Notwendigkeit ständiger Begleitung in dem amtlichen Ausweis nachgewiesen ist (auch ein Blindenführhund). Anträge sind bei der Fürsorgestelle für Kriegsopfer, bei den Magistraten der kreisfreien Städte und bei den Kreisausschüssen der Landkreise einzureichen.

Kriegsfolgenhilfe, Aussiedler, Flüchtlinge, Vertriebene

Für Betroffene aus diesem Personenkreis gibt es Beratungsstellen, die Auskünfte erteilen, bei der Wiedereingliederung helfen, Anträge entgegennehmen und diese gegebenenfalls an die zuständigen Behörden weiterleiten. Anfragen sind zu richten an die Flüchtlings- und Lastenausgleichsämter bei der Stadt- und Kreisverwaltung.

Drogenberatung

Bei Drogengefährdung oder -abhängigkeit kann verständnisvolle Hilfe oft vor bösen Folgen bewahren. Nicht überall sind Drogenberatungsstellen in nächster Nähe, aber das Jugendamt – oder auch das Gesundheitsamt – gibt Adressen, die weiterhelfen und Auskunft geben, wohin Betroffene sich wenden können.

Erziehungsberatungsstellen

Verhaltensauffälligkeiten und Schwierigkeiten bei der Erziehung von Kindern und Jugendlichen lassen Eltern manchmal in eine Sackgasse geraten, aus der beide – Eltern und Kinder – ohne Hilfe von außen nur schwer wieder herausfinden. Niemand sollte darauf vertrauen, daß sich schwerwiegende Probleme oder Störungen „von selbst" lösen werden. Nach modernen psychologischen Erkenntnissen gehen viele spätere Neurosen und andere psychische Störungen auf Erfahrungen im Kindesalter zurück. Bei frühzeitiger Beratung oder Behandlung lassen sich solche Schwierigkeiten aufdecken und vielfach ausschalten. An wen sich der Ratsuchende wenden kann, erfährt er beim Jugendamt.

Familienerholung

Familien mit zwei und mehr Kindern haben bis zu einer bestimmten Einkommensgrenze Anspruch auf Familienerholung, eventuell alle zwei Jahre. Wer zum Kreis der Antragsberechtigten gehört, wendet sich für weitere Auskünfte an das Jugendamt oder an die Wohlfahrtsverbände.

Adoption

Adoptivkinder nehmen nach der Reform des Adoptionsgesetzes die gleiche Stellung ein wie leibliche Kinder. Das ergibt sich besonders deutlich aus der Änderung des Begriffs „Annahme an Kindesstatt" in „Annahme als Kind". Rechtlich wird das adoptierte minderjährige Kind vollständig in die neue Familie eingegliedert; die Bindung zu den leiblichen Eltern erlischt mit allen unterhalts- und erbrechtlichen Konsequenzen. Ausländische Kinder erhalten mit der Adoption die deutsche Staatsbürgerschaft. Für die Adoption Volljähriger sowie naher Angehöriger sind Sonderregelungen vorgesehen.

Geändert hat sich die Altersgrenze der Eltern, die ein Kind adoptieren möchten. Mußten die Eltern vorher mindestens 35 Jahre alt sein, dürfen heute bereits 25jährige ein Kind annehmen. Bei der Festlegung der Altersgrenze des Kindes, das zur Adoption freigegeben werden soll, haben sich moderne psychologische Erkenntnisse durchgesetzt: Die Frühadoption wird befürwortet. Danach beträgt das Mindestalter nicht mehr wie bisher drei Monate, die Einwilligung zur Adoption wird bereits erteilt, wenn das Kind 8 Wochen alt ist.

Mit der Auswahl der Eltern und der Kinder kommt den vermittelnden Stellen eine große Verantwortung zu. Nach dem Adoptionsvermittlungsgesetz vom 1. Januar 1977 dürfen Adoptionen nur noch von Adoptionsvermittlungsstellen vermittelt werden; die Vermittlungstätigkeit selbst darf nur noch von Fachkräften durchgeführt werden, die sich durch ihre Ausbildung und berufliche Erfahrung qualifiziert haben.

Die Adoptionsvermittlungsstellen wurden den kommunalen Jugendämtern und dem Landesjugendamt angegliedert. Aber auch die örtlichen und zentralen Stellen der freien Wohlfahrtsverbände sind berechtigt, Adoptionen zu vermitteln, wenn sie vom Landesjugendamt als Adoptionsvermittlungsstellen anerkannt worden sind.

Adoptionswünsche sind also zunächst an das Jugendamt oder Landesjugendamt zu adressieren, die weitere Auskünfte über Anträge und Voraussetzungen erteilen.

Stadt- oder Gemeindeverwaltung

Die Verwaltungsstruktur einer Stadt oder Gemeinde ist unterschiedlich geregelt. Das bedeutet für den Bürger, daß für die gleiche Angelegenheit in einem anderen Ort unter Umständen eine ganz andere Behörde zuständig ist. Wenn Sie Zweifel haben oder unsicher sind, sollten Sie sich nicht scheuen, das Rathaus oder das Bürgermeisteramt anzurufen, um herauszufinden, an wen Sie Ihr Anliegen adressieren müssen.

Ordnungsamt

Das Ordnungsamt wacht darüber, daß gesetzliche Vorschriften und Bestimmungen eingehalten werden; es schreitet notfalls auch ein, wenn Privatpersonen sich belästigt fühlen oder wenn Mißstände beseitigt werden sollen. So zählen zum Beispiel Umweltschutz, Lärmbekämpfung, Geruchsbelästigung, Abwendung von Seuchengefahren, Preisüberwachung, Lebensmittel- und Hygiene-Kontrolle zu den Aufgaben des Ordnungsamtes (teilweise auch des Gewerbeaufsichtsamtes oder des chemischen Untersuchungsamtes).

Wenn jemand sich in einer Gaststätte zum wiederholten Male über die verschmutzte Theke geärgert hat, sollte er seine Besorgnis über die hygienischen Verhältnisse in dem Lokal dem zuständigen Ordnungs- oder Gewerbeaufsichtsamt mitteilen – im eigenen Interesse und im Interesse der Allgemeinheit, die ein Recht darauf hat, vor gesundheitlichen Schäden geschützt zu werden. Das gleiche gilt auch bei Bäckereien:

Ordnungsamt Kiel
Postfach 00 00 00

2300 Kiel

Hygienische Beanstandung der Bäckerei...

Sehr geehrte Damen und Herren,

am 14. 08. 19.. habe ich in dieser Bäckerei ein Roggenmischbrot gekauft.
Als ich zu Hause das Brot aufschnitt, bemerkte ich in seinem Inneren
wurmartige Tiere. Daraufhin reklamierte ich sofort dieses Brot, das mir
auch anstandslos ersetzt wurde.
Ich bitte Sie aber trotzdem, dieser Sache einmal nachzugehen und
zu prüfen, ob die hygienischen Bedingungen in dieser Bäckerei den
Vorschriften entsprechen.

Mit freundlichen Grüßen
(Unterschrift)

Das Ordnungsamt beschäftigt Hostessen, die dafür sorgen, daß Verkehrsteil-
nehmer sich an die Verkehrsordnung halten. Bei Verstößen gegen die Vorschriften sind sie berechtigt, Verwarnungsgelder bis zu 40,00 DM auszustellen. Wer
sich unberechtigt bestraft fühlt, hat die Möglichkeit, gegen das Verwarnungsgeld Einspruch einzulegen. Zunächst zahlt er die Strafe nicht, sondern wartet die
schriftliche Verwarnung ab, die dann automatisch ausgestellt wird. Diesen Einspruch muß er begründen und an die ausstellende Behörde schicken:

Ordnungsamt Bremen
Postfach 00 00 00

2800 Bremen

Einspruch gegen Verwarnungsgeld

Sehr geehrte Damen und Herren,

am 14. 07. 19.. fand ich bei der Rückkehr zu meinem Auto einen Straf-
zettel hinter dem Scheibenwischer (siehe Anlage). Ich parkte auf dem
Richard-Matthei-Parkplatz; dort steht ein Parkscheinautomat. An diesem
Automaten habe ich ordnungsgemäß einen Parkschein gezogen, und
zwar für die Zeit zwischen 10.15 Uhr und 11.45 Uhr. Diesen Parkschein
habe ich gut sichtbar unter der Windschutzscheibe deponiert. Zeuge:
Herr Wilhelm Böse, Lilienstr. 12 in 2800 Bremen.
Auf dem Parkschein ist als Zeitpunkt des Falschparkens 10.10 Uhr angegeben. Es muß sich daher offensichtlich um einen Fehler handeln. Deshalb bitte ich Sie darum, das Verwarnungsgeld aufzuheben.

Mit freundlichen Grüßen
(Unterschrift)

Anlage

Einwohnermeldeamt

Ein neuer Paß ist zu beantragen, ein Name wird geändert, die Staatsangehörigkeit hat gewechselt, ein Leumundzeugnis oder ein polizeiliches Führungszeugnis
wird benötigt: Zuständig ist das Einwohnermeldeamt oder die entsprechende
Stelle der Gemeinde.

Hundesteuer

Wer sich einen neuen Hund angeschafft hat oder für längere Dauer in Pflege nimmt, ist verpflichtet, Hundesteuer zu zahlen. Anmeldungen nimmt das Steueramt der jeweiligen Stadt oder Gemeinde entgegen. Dort bekommt man auch die entsprechenden Formulare.

Wasser, Strom, Gas

Beim Wohnungswechsel oder Einzug in eine neue Wohnung sind die Abgaben für Wasser, Strom und Gas jedesmal neu anzumelden, das bedeutet Abmeldung für die alte Wohnung und Anmeldung für die neue Wohnung.
In manchen Fällen ist eine Prüfung des öffentlichen Leitungsnetzes, das zum Haus führt, erforderlich – etwa wenn die Energieleistung in einem Haushalt vergrößert oder verändert werden soll.

VEW Dortmund
Postfach 00 00 00

4600 Dortmund

Umstellung auf Elektrizität

Sehr geehrte Damen und Herren,

wir planen unsere Heizungsanlage auf Strom umzustellen. Da unser Haus bereits 40 Jahre alt ist, bitten wir Sie zu prüfen, ob die Stromleitungen, die zum Haus führen, dafür ausgelegt sind.

Mit freundlichen Grüßen
(Unterschrift)

Bauliche Veränderungen

Ein Anbau, Umbau oder Neubau erfordert die Genehmigung der Stadt oder Gemeinde. Es ist im Interesse der Allgemeinheit notwendig, um den Gesamteindruck der Stadt oder des Ortsbilds nicht willkürlich zu verändern. Wer sich darüber hinwegsetzt, muß mit erheblichen Strafen rechnen. Genehmigungen können Sie bei der zuständigen Baubehörde einholen:

Stadt Bochum
Bauamt

4630 Bochum

Genehmigung zur Errichtung einer Steinmauer
Grundstück mit Einfamilienhaus, Katasteramtsnummer...

Sehr geehrte Damen und Herren,

mein Grundstück ist heute durch einen Maschendrahtzaun abgegrenzt.
Ich beabsichtige, diesen durch eine Steinmauer zu ersetzen.
Begründung: Die Belästigung durch neugierige Anwohner und Straßenpassanten ist unerträglich geworden, besonders, seitdem in unserer Nähe eine Diskothek eröffnet hat.
Ich bitte Sie, mir das Bauvorhaben zu genehmigen.

Freundliche Grüße
(Unterschrift)

Grundbuchamt

Für Hypotheken oder andere Bestätigungen werden gelegentlich beglaubigte Grundbuchblatt-Abschriften benötigt. Anfragen können Sie an das zuständige Grundbuchamt richten.

Katasteramt

Um einen Anbau oder eine andere Veränderung auf dem eigenen Grundstück ausführen zu können, werden Flurkarten oder Liegepläne benötigt. Auszüge aus dem Liegenschaftsbuch können Sie auf Antrag vom Katasteramt bekommen.

Friedhofsamt

Bei Anträgen für Grabstätten oder bei Verlegung und Umbettung (Überführung aus einer anderen Stadt) ist das Friedhofsamt der jeweiligen Gemeinde oder Stadt zuständig.
Einige Friedhöfe stehen jedoch unter kirchlicher Verwaltung. In diesem Fall können Sie sich an das jeweilige Pfarramt wenden.

Fundbüro

Fundbüros sind normalerweise in jeder Behörde gesondert eingerichtet. Wenn jemand also seinen Schirm im Bus vergessen hat, fragt er zunächst bei dem Fundbüro des betreffenden Busbetriebes nach. Ist er jedoch im Zweifel über den genauen Ort des Verlustes, wendet er sich an das Fundbüro der Stadt oder Gemeinde.

Versicherungen

Die Möglichkeiten, sich versichern zu lassen, sind zahlreich und überwiegend freiwillig. In einigen Fällen schreibt das Gesetz Pflichtversicherungen vor. So ist etwa die Anschaffung eines Fahrzeugs obligatorisch mit einer Haftpflichtversicherung verbunden.

Aber auch einige Nicht-Pflichtversicherungen sollten für Privathaushalte selbstverständlich sein. Dazu gehören die private Haftpflichtversicherung und die Hausratversicherung.

Ermäßigung der Kraftfahrzeugversicherung

Eigentümer von Kraftfahrzeugen sind beim Erwerb oder Umschreiben verpflichtet, für das jeweilige Fahrzeug eine Versicherung abzuschließen. Für bestimmte Personengruppen gibt es aber Nachlässe. Dazu gehören Kriegsbeschädigte, die nach dem BVG Anspruch auf Sonderfürsorge haben, Schwerbeschädigte und Körperbehinderte im Sinne des SBG, wenn ihnen bestimmte Bedienungseinrichtungen an ihrem Fahrzeug vorgeschrieben und als Auflage in den Führerschein eingetragen worden sind oder wenn ihnen zur Beschaffung des Wagens ein Zuschuß oder Darlehen gegeben worden ist oder ein Zuschuß zur Kraftstoffbeschaffung. Aber auch Beamte und Kraftfahrzeugbesitzer, die ein Kfz mit einer ABS-Bremseinrichtung besitzen, erhalten bei einigen Versicherungen Nachlässe. Den Antrag für die Ermäßigung der Kraftfahrzeugversicherung müssen Sie zusammen mit den jeweiligen Bescheinigungen bei Ihrer Kraftfahrzeugversicherung einreichen.

Gebäudefeuerversicherung

Wer ein Eigenheim oder ein anderes Gebäude erwirbt, sollte eine Gebäudefeuerversicherung abschließen. In einigen Bundesländern ist das sogar Pflicht. In der Regel verlangen aber auch die Geldgeber (Versicherungen und Banken), daß so eine Versicherung abgeschlossen wird, bevor die Mittel fließen.

Sobald man an seinem Eigentum bauliche Veränderungen vornimmt, sind diese der Versicherung mitzuteilen:

Continentale Sachversicherung
Ruhrallee 92

4600 Dortmund 1

Versicherungsnummer…

Sehr geehrte Damen und Herren,

durch den Anbau eines Wintergartens hat sich der Wert meines Hauses um ca. 40 000 DM erhöht. Bitte schicken Sie mir einen Außendienstmitarbeiter vorbei, damit ich mit ihm über die Neufestsetzung des Versicherungswertes sprechen kann.

Freundliche Grüße
(Unterschrift)

Schadenmeldung

Ist ein Schaden oder Unglück eingetreten, muß man dies der Versicherung unverzüglich melden. In der Regel reicht ein Telefonanruf. Dann schaut ein Versicherungsagent vorbei, um den Schaden aufzunehmen. Bei kleineren Schäden erhält man von der Versicherung ein Formular, in dem der Schaden aufgenommen und gemeldet wird.

Gewässerschaden-Haftpflichtversicherung

Ein Öltank wird nach längerer Lagerung im Erdboden unter Umständen undicht, das Öl fließt aus, verseucht das Grundwasser und gefährdet in hohem Maße die Trinkwasserversorgung – und damit Menschenleben: ein Schaden mit unübersehbaren Folgen. Wenn man einen Öltank besitzt, sollte man deshalb eine Gewässerschaden-Haftpflichtversicherung abschließen.

Hunde-Haftpflichtversicherung

Ein Hund kann ebenfalls kostspieligen Schaden anrichten. Eine Hunde-Haft-pflichtversicherung ist daher jedem Hundehalter anzuraten. Auch hier gilt: Wenn ein Schaden eintritt, ist dieser sofort der Versicherung – am besten tele-fonisch – anzuzeigen.

Grundstück-Haftpflicht

Jeder Hauseigentümer kann haftbar gemacht werden für Unfälle, die sich auf seinem Grundstück ereignen. Eine Meldung ist dem Hauseigentümer oder der Hausverwaltung unverzüglich zuzuleiten.

Herrn Hans Meier
Blumenstr. 12

4300 Essen

Sehr geehrter Herr Meier,

weil Sie Ihrer Streupflicht nicht nachgekommen sind, bin ich am
08. 01. 19.. vormittags gegen 10.00 Uhr auf dem Gehsteig vor Ihrem
Haus gestürzt. Zeuge:...
Ich bitte Sie, den Unfall Ihrer Haftpflichtversicherung mitzuteilen. Es ist
folgender Schaden entstanden:
(Genaue Aufstellung des Schadens mit Beträgen und Belegen.)

Mit freundlichen Grüßen
(Unterschrift)

Anlagen

Schülerunfallversicherung

Jedes Schulkind wird automatisch von der Schule gegen Unfälle versichert. Bei einem Unglücksfall macht der Schulleiter sofort Meldung an die Versicherung. Der Unfallschutz erstreckt sich aber auch auf den Schulweg des Kindes. Verunglückt das Kind, müssen die Eltern unverzüglich Meldung erstatten und den Hergang des Unfalles genau schildern. Das Schreiben geht über den Schulleiter:

Herrn Rektor
Dr. Hans Müller
Friedrichschule

4400 Münster

Schüler-Unfallversicherung/Versicherungsnummer...

Sehr geehrter Herr Rektor Müller,

am 14. 06. 19.. ist meine Tochter Manuela, Schülerin der 10. Klasse an Ihrer Schule, auf dem Heimweg von der Schule durch einen Sturz auf einem glatten Bürgersteig so schwer verunglückt, daß Sie mit einem gebrochenen Bein ins Krankenhaus mußte.
Eine ausführliche Schilderung des Unfallhergangs habe ich beigefügt.
Über die Kosten werden wir Sie informieren, sobald wir die Rechnungen vom Krankenhaus und von den Ärzten erhalten haben.

Mit freundlichen Grüßen
(Unterschrift)

Anlagen

Unfallversicherung

Obwohl man während der Arbeitszeit oder in der Schule versichert ist, ist es sinnvoll, eine private Unfallversicherung abzuschließen. Die private Unfallversicherung schützt gegen die finanziellen Folgen von Unfällen, die während der Freizeit oder im Haushalt eintreten.

Register

NÜTZLICHE RATGEBER

EINE AUSWAHL

Essen und Trinken

Meine feine Bürgerliche Küche
(4411-1) Von E. Falout, 160 S., 119 Farbfotos, Pappband. ●●●

Essen in Hessen
Spezialitäten zwischen Schwalm und Odenwald. (0837-X) Von R. Witt, 120 S., 10 s/w-Zeichnungen, Pappband. ●●

Kochen für 1 Person
Rationell wirtschaften, abwechslungsreich und schmackhaft zubereiten. (0586-5) Von M. Nicolin, 104 S., 8 Farbtafeln, 23 Zeichnungen, kart. ●

Schnell und individuell
Die raffinierte Single-Küche
(4266-3) Von F. Faist, 160 S., 151 Farbfotos, Pappband. ●●●

Für Kenner und Genießer **Lamm**
(1090-7) Von H. Imhof, 64 S., 50 Farbfotos, Pappband. ●

Frischer Fang aus Fluß und Meer **Fisch**
(0964-X) Von L. Grieser, 64 S., 69 Farbfotos, Pappband. ●

Edler Kern in harter Schale **Meeresfrüchte**
(0886-4) Von L. Grieser, 48 S., 52 Farbfotos, Pappband. ●

Gaumenfreuden Tag für Tag
Pfannengerichte
(1007-9) Von S. Fabke, 64 S., 54 Farbfotos, Pappband. ●

Von Tatar und falschen Hasen **Hackfleisch**
(0866-X) Von A. und G. Eckert, 64 S., 42 Farbfotos, Pappband. ●

Aus eigener Küche **Gute Wurst**
(0948-8) Von J. Bessel, G. Quaas, 80 S., 8 Farbtafeln, kart. ●

Aus lauter Lust und Liebe **Knoblauch**
(0867-8) Von L. Reinirkens, 64 S., 45 Farbfotos, Pappband. ●

Kochen und würzen mit **Knoblauch**
(0725-6) Von A. und G. Eckert, 96 S., 8 Farbtafeln, kart. ●

Kochen und würzen mit **Paprika**
(0792-2) Von A. und G. Eckert, 88 S., 8 Farbtafeln, kart. ●

Bintje, Irmgard und Sieglinde
Kartoffeln
(1032-X) Von S. Fabke, 64 S., 43 Farb- und 1 s/w-Foto, Pappband. ●

Nudelgerichte
– lecker, locker, leicht zu kochen. (0466-4) Von C. Stephan, 80 S., 8 Farbtafeln, kart. ●

Pasta in Höchstform **Nudeln**
(0884-8) Von M. Kirsch, 64 S., 62 Farbfotos, Pappband. ●

Kräftig klar und cremig zart **Feine Suppen**
(1031-1) Von H. Imhof, 64 S., 48 Farbfotos, Pappband. ●

Herzhaftes für Leib und Seele **Eintöpfe**
(0820-1) Von P. Klein, 48 S., 30 Farbfotos, Pappband. ●

Spezialitäten unter knuspriger Decke
Aufläufe
(0882-1) Von C. Adam, 48 S., 33 Farbfotos, Pappband. ●

In Hülle und Fülle **Pasteten und Terrinen**
(0883-X) Von M. Kirsch, 48 S., 62 Farbfotos, Pappband. ●

Die Krönung der feinen Küche **Saucen**
(0817-1) Von G. Cavestri, 48 S., 40 Farbfotos, Pappband. ●

Schlank und köstlich **Spargel**
(1005-2) Von M. Kirsch, 64 S., 44 Farbfotos, Pappband. ●

Von Aubergine bis Zucchini **Gemüse**
(1061-3) Von H. Cohrs, 64 S., 39 Farbfotos, Pappband. ●

Statt Breakfast und Lunch **Brunch**
(1033-8) Von C. Adam, 64 S., 49 Farbfotos, Pappband. ●

Kochen in höchster Vollendung
Aus vier Elementen ist alles zusammengefügt (Theophrast). (4291-4) Von M. Wissing, M. Kirsch, 160 S., 230 Farbfotos, Leinen geprägt mit Schutzumschlag, im Schuber, **DM 98,–**, S 784.–, Fr 94,10

Mit Lust und Liebe
Kochen mit den Meistern
(4445-3) 176 S., 132 Farbfotos, 50 Graffiti, Pappband. ●●●●

Zaubern mit der schnellen Welle
Die neue Mikrowellenküche
(4289-2) Von F. Faist, 208 S., 188 Farbfotos, Pappband. ●●●

Ganz und gar mit Mikrowellen
(4094-6) Von T. Peters, 208 S., 24 Farbfotos, 12 Zeichnungen, kart. ●●●

Schnell auf den Tisch gezaubert
Kochen mit Mikrowellen
(0818-X) Von A. Danner, 64 S., 52 Farbfotos, Pappband. ●

Das neue Mikrowellen-Kochbuch
(0434-8) Von H. Neu, 80 S., 4 Farbtafeln, 16 s/w Zeichnungen, kart. ●

Knusprig braten und backen im
Mikrowellen-Kombigerät
(0996-X) Von T. Peters, 128 S., 108 Farbfotos, kartoniert. ●●

Leicht und vitaminreich
Vegetarische Mikrowellenküche
(0995-X) Von F. Faist, 118 S., 103 Farbfotos, kartoniert. ●●

Schnell und individuell
Mikrowellenküche für Singles
(0997-6) Von A. Görgens, 118 S., 103 Farbfotos, kartoniert. ●●

Vom ersten Versuch zum Menü
Mikrowellenküche leicht gemacht
(0994-1) Von T. Peters, 112 S., 100 Farbfotos, kartoniert. ●●

Zart gedünstet, schonend gegart
Fischgerichte aus der Mikrowellenküche
(1092-3) Von A. Ilies, 96 S., 105 Farbfotos, kartoniert. ●●

Köstliches ganz schnell gezaubert
Aufläufe aus der Mikrowellenküche
(1093-1) Von K. Kruse-Schorling, 96 S., 100 Farbfotos, kartoniert. ●●

Natürlich Kochen im
Mikrowellen-Römertopf
(0947-X) Von F. Faist, 96 S., 8 Farbt., kart. ●

Köstliches aus dem Tontopf
(0442-7) Von A. u. G. Eckert, 80 S., 8 Farbtafeln, kart. ●

Das neue Fritieren
geruchlos, schmackhaft und gesund.
(0365-1) Von P. Kühne, 88 S., 8 Farbtafeln, kart. ●

Goldbraun und knusprig
Fritierte Leckerbissen
(0868-6) Von F. Faist, 64 S., 47 Farbfotos, Pappband. ●

Schnell und gut gekocht
Die tollsten Rezepte für den Schnellkochtopf.
(0265-3) Von J. Ley, 96 S., 8 Farbtafeln, kart. ●

Italienische Vorspeisen **Antipasti**
(1006-0) Von S. Reiter-Westphal, 64 S., 47 Farbfotos, Pappband. ●

Pizza, Pasta und die feine italienische
Küche
(4270-1) Von R. Rudatis, 120 S., 255 Farbfotos, Pappband. ●●●

Schlemmreise durch die
Italienische Küche
(4172-1) Von V. Pifferi. 160 S., 109 Farbfotos, Pappband. ●●●

Schlemmen wie bei Mamma Maria
Pizzas
(0815-5) Von F. Faist, 64 S., 62 Farbfotos, Pappband. ●

Spaghetti, Tagliatelle + Co.
Pasta all'italiana
(1004-4) Von I. Seyric, 64 S., 57 Farbfotos, Pappband. ●

Pikantes und Süßes mit französischem Charme **Bistro-Küche**
(4428-3) Von V. Müller, 160 S., 130 Farbfotos, Pappband. ●●●

Schlemmerreise durch die
Französische Küche
(4296-5) Von H. Imhof, 160 S., 147 Farbfotos, 3 s/w-Fotos, Pappband. ●●●

Schlemmreise durch die
Chinesische Küche
(4184-5) Von K. H. Jen, 160 S., 117 Farbfotos, Pappband. ●●●

Verheißungsvoll fernöstlich
Spezialitäten aus dem Wok
(0933-X) Von H. K. Jen, 64 S., 56 Farbfotos, Pappband. ●

Mit Lust und Liebe **Chinesisch Kochen**
(4441-0) Von Ho Fu-Lung, Uli Franz, 176 S., 189 Farbfotos, 29 Zeichnungen, Pappband. ●●●●

Chinesisch kochen
mit dem Wok- und Mongolentopf.
(0557-1) Von C. Korn, 64 S., 8 Farbt., kart. ●

Die hier vorgestellten Bücher, Videokassetten und Software sind in folgende Preisgruppen unterteilt:

● Preisgruppe bis DM 10,–/S 79,–/SFr.10
●● Preisgruppe über DM 10,– bis DM 20,–
S 80,– bis S 160,–
SFr. 10,– bis SFr. 20,–

●●● Preisgruppe über DM 20,– bis DM 30,–
S 161,– bis S 240,–
SFr. 20,– bis SFr. 29,–
●●●● Preisgruppe über DM 50,–/S 401,–/SFr.48,–

●●●● Preisgruppe über DM 30,– bis DM 50,–
S 241,– bis S 400,–
SFr. 29,– bis SFr. 48,–
*(unverbindliche Preisempfehlung)

Die Preise entsprechen dem Status beim Druck dieses Verzeichnisses (s. Seite 1) – Änderungen, im besonderen der Preise, vorbehalten –

Falken-Verlag GmbH · Postfach 1120   **D-6272 Niedernhausen/Ts. · Tel.: 06127/7020**

1

Mehr Freude und Erfolg beim **Grillen**
(**4141**-1) Von A. Berliner, 160 S., 147 Farbfotos, 10 farbige Zeichnungen, Pappband.
●●●

Köstliches von Rost und Spieß **Grillen**
(**0931**-3) Von A. Kalcher-Dähn, H. K. Kalcher, 64 S., 43 Farbfotos, Pappband. ●

Bocuse à la carte
Französisch kochen mit dem Meister.
(**4237**-X) Von P. Bocuse, 88 S., 218 Farbfotos, Pappband. ●

Französische Küche
(**0685**-2) Von M. Gutta, 96 S., 16 Farbt., kart. ●

Fondues · Raclettes · Flambiertes
(**4081**-4) Von R. Peiler und M.-L. Schult, 136 S., 15 Farbtafeln, 28 Zeichnungen, kart.
●●

Fondues
und fritierte Leckerbissen. (**0471**-0) Von S. Stein, 96 S., 8 Farbtafeln, kart. ●

Rezepte rund um Raclette und Doppeldecker
(**0420**-6) Von J. W. Hochscheid, 72 S., 8 Farbtafeln, kart. ●

Schlemmen in geselliger Runde
Fleischfondues
(**0966**-6) Von M. Spötter, 64 S., 62 Farbfotos, Pappband. ●

Fondues und Racletts
(**4253**-1) Von F. Faist, 160 S., 125 Farbfotos, Pappband. ●●●

Neue, raffinierte Rezepte mit dem Raclette-Grill
(**0558**-X) Von L. Helger, 72 S., 8 Farbt., kart. ●

Schmelzendes Käsevergnügen **Raclette**
(**0881**-3) Von F. Faist, 48 S., 33 Farbfotos, Pappband. ●

Kulinarischer Feuerzauber **Flambieren**
(**4294**-9) Von R. Wesseler, 120 S., 100 Farbfotos, Pappband. ●●●

Das köstliche knackige Schlemmervergnügen **Salate**
(**4165**-9) Von V. Müller, 160 S., 80 Farbfotos, Pappband. ●●

Köstliche Salate zum Verwöhnen
(**0222**-X) Von C. Schönherr, 96 S., 8 Farbtafeln, 30 Zeichnungen, kart. ●

Frisch und leicht als Hauptgericht
Schlemmersalate
(**0934**-3) Von C. Adam, 64 S., 49 Farbfotos, Pappband. ●

Köstlich frisch auf den Tisch
Rohkostsalate
(**0865**-1) Von C. Adam, 48 S., 26 Farbfotos, Pappband. ●

Raffiniert und gesund würzen
Kräuterküche
(**0869**-4) Von A. Görgens, 48 S.,43 Farbfotos, Pappband. ●

Miekes Kräuter- und Gewürzkochbuch
(**0323**-4) Von I. Persy, K. Mieke, 88 S., 4 Farbtafeln, kartoniert. ●

Joghurt, Quark, Käse und Butter
Schmackhaftes aus Milch hausgemacht.
(**0739**-6) Von M. Bustorf-Hirsch, 32 S., 59 Farbabb., Pappband. ●

Gesund und vielseitig **Alles mit Joghurt**
täglich selbstgemacht, mit vielen Rezepten.
(**0382**-6) Von G. Volz, 64 S., 8 Farbt., kart. ●

Locker, flockig, leicht…
Müsli & Co
(**0965**-1) Von C. Adam, 64 S., 42 Farbfotos, Pappband. ●

Bärenstark und kerngesund
Vollwertkost für Kinder
(**0968**-2) Von S. Reiter, 64 S., 44 Farbfotos, Pappband. ●

Gesunde Ernährung für mein Kind
(**0776**-6) Von M. Bustorf-Hirsch, 112 S., 8 Farbtafeln, 5 s/w-Zeichnungen, kart. ●

Das Getreidemühlenkochbuch
(**1017**-6) Von M. Burstorf-Hirsch, 112 S., 8 Farbtafeln, kartoniert. ●

Meine Vollkornküche
Herzhaftes von echtem Schrot und Korn
(**0858**-9) Von S. Walz, 96 S., 8 Farbt., kart. ●

Die abwechslungsreiche Vollwertküche
Vitaminreich und naturbelassen kochen und backen. (**4229**-9) Von M. Bustorf-Hirsch, K. Siegel, 280 S., 31 Farbtafeln, 78 Zeichnungen, Pappband. ●●●●

Die verlockende Alternative
Süße Vollwertküche
(**0936**-4) Von A. Roßmeier, 64 S., 50 Farbfotos, Pappband. ●

Die gesunde Art, sich zu verwöhnen
Vollwertküche für Singles
(**0937**-2) Von A. Görgens, 64 S., 43 Farbfotos, Pappband. ●

Dinkel, Hirse, Roggenkorn…:
Kerniges aus der Getreideküche
(**0932**-1) Von S. Frank, 64 S., 49 Farbfotos, Pappband. ●

Die feine Vollwertküche
(**4286**-8) Von M. Bustorf-Hirsch, 160 S., 83 Farbfotos, Pappband. ●●●

Mit Lust und Liebe…
Vollwertküche für Genießer
(**4412**-4) Von Prof. Dr. C. Leitzmann, H. Million, 256 S., 320 Farbfotos, Pappband.
●●●●

Naturküche à la carte
(**4406**-2) Von M. Wissing, M. Kirsch, 160 S., 179 Farbfotos, Pappband. ●●●●

Biologische Ernährung
für eine natürliche und gesunde Lebensweise. (**4125**-X) Von G. Leibold, 136 S., 15 Farbtafeln, 47 Zeichnungen, kart. ●●

Die feine Vegetarische Küche
(**4235**-3) Von F. Faist, 160 S., 191 Farbfotos, Pappband. ●●●

Schmackhafte Vollwertkost ohne tierisches Eiweiß
(**0993**-3) Von M. Bustorf-Hirsch, 96 S., 54 Farbfotos, kartoniert. ●

Cholesterinarm kochen und genießen
(**4442**-9) Von R. Unsorg, 168 S., 132 Farbfotos, kartoniert. ●●●

Die aktuelle **Cholesterintabelle**
(**1088**-5) Von Dr. H. Oberritter, 84 S., 12 zweifarbige Grafiken, kartoniert. ●

Würzig kochen ohne Salz
(**0922**-4) Von S. Roediger-Streubel, 160 S., 16 Farbtafeln, kart. ●●

Alternativ essen
Die gesunde Sojaküche.
(**0553**-7) Von U. Kolster, 112 S., 8 Farbt., kart. ●

Kochen mit Tofu
Die gesunde Alternative.
(**0894**-5) Von U. Kolster, 80 S., 8 Farbtafeln, kart. ●

Gesund kochen mit Keimen und Sprossen
(**0794**-9) Von M. Bustorf-Hirsch, 96 S., 4 Farbtafeln, 13 s/w-Zeichnungen, kart. ●

Keime und Sprossen in der Naturküche
(**4299**-X) Von M. Bustorf-Hirsch, 96 S., 144 Farbfotos, Pappband. ●●

Backen mit Lust und Liebe
(**4284**-1) Von M. Schumacher, R. Krake, 242 S., 348 Farbfotos, 18 farb. Vignetten, 3 vierseitige Ausklapptafeln, Pappband.
●●●●

Tortenträume und Kuchenfantasien
Gebackene Köstlichkeiten originell dekoriert und verziert.
(**0823**-6) Von F. Faist, 80 S., 150 Farbfotos, kart. ●●

Waffeln
Hörnchen, Pfannkuchen und Crêpes.
(**0522**-9) Von C. Stephan, 64 S., 8 Farbtafeln, kart. ●

Mehr Freude und Erfolg beim
Brotbacken
(**4148**-9) Von A. und G. Eckert, 160 S., 177 Farbfotos, Pappband. ●●●

Selbst Brotbacken
Über 50 erprobte Rezepte.
(**0370**-6) Von A. und G. Eckert, 80 S., 4 Zeichnungen, 4 Farbtafeln, kart. ●

Meine Vollkornbackstube
Brot · Kuchen · Aufläufe. (**0616**-0) Von R. Raffelt, 96 S., 4 Farbtafeln, 12 Zeichnungen, kart. ●

Mit Körnern, Zimt und Mandelkern
Vollkorngebäck
(**0816**-3) Von M. Bustorf-Hirsch, 48 S., 39 Farbfotos, Pappband. ●

Knusprig, kernig, urgesund **Vollkornbrot**
(**0938**-0) Von S. Reiter, 64 S., 46 Farbfotos, Pappband. ●

Weihnachtsbäckerei
Köstliche Plätzchen, Stollen, Honigkuchen und Festtagstorten.
(**0682**-9) Von M. Sauerborn, 32 S., 34 Farbfotos, Pappband. ●

Meine Weihnachtsbackstube
(**5163**-8) Von M. Sauerborn, 32 S., 23 Farbfotos, mit Vorlagebogen in Originalgröße, kart. ●

Süße Verführungen **Desserts**
(**0885**-6) Von M. Bacher, 64 S., 75 Farbfotos, Pappband. ●

Süße Geheimnisse eiskalt gelüftet
Eis und Sorbets
(**0870**-8) Von H. W. Liebheit, 48 S., 38 Farbfotos, Pappband. ●

Raffiniertes mit
Eis
Drinks/Desserts/Eissorten
(**1029**-X) Von. F. Hoffmann, 64 S., 74 Farbfotos, Pappband. ●

Zart schmelzende Versuchungen
Schokolade
(**0819**-8) Von J. Schroer, 48 S., 53 Farbfotos, Pappband. ●

Mitbringsel aus meiner Küche
selbst gemacht und liebevoll verpackt.
(**0668**-3) Von C. Schönherr, 32 S., 30 Farbfotos, Pappband. ●

Marmeladen, Gelees und Konfitüren
Köstlich wie zu Omas Zeiten – einfach selbstgemacht. (**0720**-5) Von M. Gutta, 32 S., 23 Farbfotos, 1 Zeichnung, Pappband. ●

Einkochen, Einlegen, Einfrieren
(**4055**-5) Von B. Müller, 152 S., 27 s/w.-Abb., 16 Farbtafeln, kart. ●

Haltbarmachen in der Öko-Küche
Gesunde Konservierungsmethoden für Obst, Gemüse, Kräuter und Pilze. (**0923**-2) Von M. Bustorf-Hirsch, 120 S., 92 Farbabb., kart.
●●

Komm, koch und back mit mir
Kunterbuntes Kochvergnügen für Kinder.
(**4285**-X) Von S. und H. Theilig, illustriert von B. v. Hayek, 112 S., 45 Farbabb., Pappband. ●

Kinder lernen spielend backen
(**5110**-7) Von M. Gutta, 64 S., 50 Farbfotos, Pappband. ● ●

Kinder lernen spielend kochen
Lieblingsgerichte mit viel Spaß selbst zubereitet
(5096-8) Von M. Gutta, 64 S., 45 Farbfotos, Pappband. ●●

Mit Lust und Liebe **Kalte Platten & Buffets**
Anrichten und Garnieren
(4427-5) Von P. Grotz, 176 S., 228 Farbfotos, Pappband. ●●●●

Garnieren und Verzieren
(4236-1) Von R. Biller, 160 S., 329 Farbfotos, 57 Zeichnungen, Pappband. ●●●

Köstlichkeiten für Gäste und Feste
Kalte Platten
(4200-0) Von I. Pfliegner, 160 S., 130 Farbfotos, Pappband. ●●●

Wenn Gäste kommen …
Kalte Küche
(1060-5) Von A. Ilies, 64 S., 49 Farbfotos, Pappband. ●

Fein und raffiniert
Canapés und kleine Köstlichkeiten
(0963-1) Von H. Imhof, 64 S., 53 Farbfotos, Pappband. ●

Festlich kochen und backen
für Advent und Weihnachten
(4443-7) Von A. Guter, 96 S., 66 Farbfotos, 1 s/w-Foto, Pappband. ●●

Der perfekt gedeckte Tisch
(1028-1) Von H. Tapper, 80 S., 161 Farbfotos, 13 Zeichnungen, kartoniert. ●●

Der schön gedeckte Tisch
Vom einfachen Gedeck bis zur Festtafel stimmungsvoll und perfekt arrangiert.
(4246-1) Von H. Tapper, 112 S., 206 Farbfotos, 21 s/w-Abbildungen, Pappband. ●●●

Servietten falten
80 Ideen für schön gedeckte Tische
(1042-7) Von M. Müller, O. Mikolasek, 80 S., 289 Farbfotos, 50 Zeichnungen, kartoniert. ●●

Phantasievolle Tischdekorationen selber machen
(0984-4) Von Y. Thalheim, H. Nadolny, 80 S., 174 Farbfotos, 21 Zeichnungen, kart. ●●

Tischkarten dekorativ gestalten
aus allerlei Material für viele Anlässe
(0946-1) Von H. York, 32 S., 108 Farbfotos, Pappband. ●

Servietten dekorativ falten
Geschmackvolle Anregungen aus Stoff und Papier. **(0804**-X) Von H. Tapper, 32 S., 134 Farbfotos, Pappband. ●

Tee für Genießer
Sorten · Riten · Rezepte. **(0356**-0) Von M. Nicolin, 64 S., 4 Farbtafeln, kart. ●

Weinlexikon
Wissenswertes über die Weine der Welt.
(4149-7) Von U. Keller, 228 S., 6 Farbtafeln, 395 s/w-Fotos, Pappband. ●●●

Weine und Säfte, Liköre und Sekt
selbstgemacht. **(0702**-7) Von P. Arauner, 232 S., 76 Abb., kart. ●●

Fruchtig, spritzig, eisgekühlt
Mixen ohne Alkohol
(0935-6) Von S. Späth, 44 S., 44 Farbfotos, Pappband. ●

Cocktails
(4267-1) Von W. R. Hoffmann, W. Hubert, U. Lottring, 160 S., 164 Farbfotos, 1 s/w-Foto, Pappband. ●●●

Cocktails und Mixereien
für häusliche Feste und Feiern. **(0075**-8) Von J. Walker, 96 S., 4 Farbtafeln, kart. ●

Neue Cocktails und Drinks
mit und ohne Alkohol. **(0517**-2) Von S. Späth, 128 S., 4 Farbtafeln, kart. ●

Die besten Punsche, Grogs und Bowlen
(0575-X) Von F. Dingden, 64 S., 4 Farbt., kart. ●

SLIM
Der neue, individuelle Schlankheitsplan
(4277-9) Von Prof. Dr. E. Menden, W. Aign 120 S., 440 Farbfotos, Pappband. ●●●

Schlank werden nach Dr. Hay **Trennkost**
Die bewährten Vollwert-Rezepte von Ursula Summ. **(4298**-1) Von U. Summ, 96 S., 54 Farbfotos, 1 Zeichnung, kart. ●●

Eßlust statt Diätfrust
Die Pfundskur
(1102-4) Von Prof. Dr. V. Pudel, 144 S., 8 s/w-Zeichnungen, 4 Vignetten, kartoniert. ●

Vitamine und Ballaststoffe
So ermittle ich meinen täglichen Bedarf
(0746-9) Von Prof. Dr. M. Wagner, I. Bongartz, 96 S., 6 Farbfotos, zahlreiche farb. Tabellen, kart. ●

Kalorien − Joule
Eiweiß · Fett · Kohlenhydrate tabellarisch nach gebräuchlichen Mengen. **(0374**-9) Von M. Bormio, 88 S., kart. ●

Hobby und Freizeit

Falken-Handbuch
Zeichnen und Malen
(4167-5) Von B. Bagnall, 336 S., 1154 Farbabb., Pappband. ●●●●●

Das große farbige PLAKA-Buch
Malen und Basteln
(4402-X) Von H.-J. Giesecke, 192 S., 224 Farbfotos, 20 Farb- und 4 s/w-Zeichnungen, Pappband. ●●●

Einmal grad und einmal krumm
Zeichenstunden für Kinder. **(0599**-7) Von H. Witzig, 144 S., 363 Abb. kart. ●

Punkt, Punkt, Komma, Strich
Zeichenstunden für Kinder
(0564-4) Von H. Witzig, 144 S., über 250 Zeichnungen, kart. ●●

Figürliches Zeichnen
leicht gemacht
(1010-9) Von H. Witzig, 112 S., 462 Figuren, kartoniert. ●

Spielend zeichnen lernen mit den Montagsmalern
(0974-7) Von G. Lages, Sigi-Harreis, 112 S., 326 s/w-Zeichnungen, kartoniert. ●●

Kalligraphie
Die Kunst des schönen Schreibens
(4263-9) Von C. Hartmann, 120 S., 44 Farbvorlagen, 29 s/w-Zeichnungen, 2 s/w-Zeichnungen, 38 Farbfotos, Pappband. ●●●●

Gestalten mit Schrift
Kalligraphie
(1044-3) Von I. Schade, 80 S., 2 Farb- und 1 s/w Foto, 143 Farbzeichnungen, kartoniert. ●●

Aquarellmalerei
als Kunst und Hobby **(4147**-0) Von H. Haack, B. Wersche, 136 S., 62 Farbfotos, 119 Zeichnungen, Pappband. ●●●

Aquarellmalerei leicht gelernt
Materialien · Techniken · Motive.
(0787-6) Von T. Hinz, R. Braun, B. Zeidler, 32 S., 38 Farbfotos, 1 Zeichn., Pappband. ●

Hobby Aquarellmalen
Landschaft und Stilleben. **(0876**-7) Von I. Schade, A. Brück, 80 S., 111 Farbabb., kart. ●●

Hobby Ölmalerei
Landschaft und Stilleben. **(0879**-9) Von H. Kämper, I. Becker, 80 S., 93 Farbabb., kart. ●●

Hobby Bauernmalerei
(0436-2) Von S. Ramos und J. Roszak, 80 S., 116 Farbf. und 28 Motivvorlagen, kart. ●●

Bauernmalerei
Kreatives Hobby nach alter Volkskunst
(5039-9) Von S. Ramos, 64 S., 85 Farbfotos, Pappband. ●●

Seidenmalerei in Vollendung
(4414-3) Hrsg. von R. Smend, 160 S., 227 Farbfotos, 36 s/w-Fotos, geprägter Leineneinband mit Schutzumschlag, im Schuber, **DM 98,–,** S 784,–, Fr 90,20

Seidenmalerei als Kunst und Hobby
(4264-7) Von S. Hahn, 136 S., Farbabb., 1 s/w-Foto, Pappband. ●●●●

Hobby Seidenmalerei
(0611-X) Von R. Henge, 88 S., 106 Farbfotos, 28 Zeichnungen, kart. ●●

Neue zauberhafte Seidenmalerei
Motive und Anregungen aus der Natur.
(0924-0) Von R. Henge, 80 S., 148 Farbfotos, 27 s/w-Zeichnungen, kart. ●●

Kunstvolle Seidenmalerei
Mit zauberhaften Ideen zum Nachgestalten
(0783-3) Von I. Demharter, 32 S., 56 Farbfotos, Pappband. ●

Zauberhafte Seidenmalerei
Materialien · Techniken · Gestaltungsvorschläge . **(0664**-0) Von E. Dorn, 32 S., 62 Farbfotos, Pappband. ●

Aquarellieren auf Seide
Materialien · Techniken · Motive
(0917-8) Von I. Demharter, 32 S., 41 Farbfotos, Pappband. ●

Seidenmalerei Landschaften
(5153-0) Von D. Kosik, 32 S., 50 Farbfotos, 12 Zeichnungen, mit Vorlagebogen in Originalgröße, kart. ●

Seidenmalerei Kissen
(5151-4) Von I. Demharter, 32 S., 42 Farbfotos, 2 Zeichnungen, mit Vorlagebogen in Originalgröße, kart. ●

Seidenmalerei Blusen und T-Shirts
(5184-0) Von A. Keller, 32 S., 28 Farbfotos, 12 Zeichnungen, mit Vorlagebogen in Originalgröße, kartoniert. ●

Seidenmalerei Tücher und Schals
(5152-2) Von R. Henge, 32 S., 36 Farbfotos, 1 Zeichnung, mit Vorlagebogen in Originalgröße, kart. ●

Seidenmalerei Taschen und Gürtel
(5194-6) Von S. Tichy-Gibley, 32 S., 30 Farbfotos, 8 Farbzeichnungen, mit Vorlagebogen in Originalgröße, kartoniert. ●

Seidenmalerei Lampenschirme
(5154-9) Von I. Walter-Ammon, 32 S., 47 Farbfotos, 1 Zeichnung, mit Vorlagebogen in Originalgröße, kart. ●

Seidenmalerei Blüten, Blätter, Ranken
(5165-4) Von D. Kosik, 32 S., 35 Farbfotos, 4 Zeichnungen, mit Vorlagebogen in Originalgröße, kart. ●

Seidenmalerei Schmuckkarten und Miniaturbilder
(5166-2) Von I. Walter-Ammon, 32 S., 37 Farbfotos, 2 Zeichnungen, mit Vorlagebogen in Originalgröße, kart. ●

Seidenmalerei Bilder in Konturentechnik
(5182-4) Von I. Demharter, 32 S., 28 Farbfotos, 2 Zeichnungen, mit Vorlagebogen in Originalgröße, kartoniert. ●

Falken-Handbuch **Häkeln**
ABC der Häkeltechniken und Häkelmuster in ausführlichen Schritt-für-Schritt-Bildfolgen.
(4194-2) Von H. Fuchs, M. Natter, 288 S., 1073 Farbabb., Pappband. ●●●●

Das moderne Standardwerk von der Expertin
Perfekt Stricken
Mit Sonderteil Häkeln. **(4250**-2) Von H. Jaacks, 256 S., 703 Farbfotos, 169 Farb- und 121 s/w-Zeichnungen, Pappband. ●●●

3

Falken-Handbuch Stricken
ABC der Stricktechniken und Strickmuster in ausführlichen Schritt-für-Schritt-Bildfolgen. (4137-3) Von M. Natter, 312 S., 106 Farb- und 922 s/w-Fotos, 318 Zeichnungen, Pappband. ●●●●

Hobby Patchwork und Quilten
(0768-X) Von B. Staub-Wachsmuth, 80 S., 108 Farbabb., 43 Zeichnungen, kart. ●●

Hobby Applikationen
Materialien · Techniken · Modelle (0899-6) Von H. Probst-Reinhardt, 80 S., 92 Farbfotos, 31 Zeichnungen, kart. ●●

Hobby Spitzencollagen
Bezaubernde Motive aus edlem Material (0847-3) Von H. Westphal, 80 S., 186 Farbfotos, kart. ●●

Falken-Handbuch Nähen
Abc der Nähtechniken und kreative Modellschneiderei in ausführlichen Schritt-für-Schritt-Bildfolgen. (4272-8) Von A. Bree, 320 S., 1142 Abbildungen, Schnittmusterbogen für alle Modelle, Pappband. ●●●●

Marionetten
selbst bauen und führen (1043-5) Von D. Köhnen, 80 S., 162 Farbfotos, mit Schnittmusterbogen, kartoniert. ●●

Zauberhafte alte Puppen
Sammeln · Restaurieren · Nachbilden (4255-8) Von C.A. Stanton, J. Jacobs, 120 S., 157 Farbfotos, 24 Zeichnungen, Pappband. ●●●●

Selbstgestrickte Puppen
Materialien und Arbeitsanleitungen (0638-1) Von B. Wehrle, 32 S., 21 Farbfotos, 24 Zeichnungen, Pappband. ●

Puppen zum Liebhaben
(5199-9) Von B. Wehrle, 32 S., 27 Farbfotos, 9 s/w-Zeichnungen, mit Vorlagebogen in Originalgröße, kartoniert. ●

Kuscheltiere stricken und häkeln
Arbeitsanleitungen und Modelle. (0734-5) Von B. Wehrle, 32 S., 60 Farbfotos, 28 Zeichnungen, Pappband. ●

Phantasiepuppen stricken und häkeln
Märchenhafte Modelle mit Arbeitsanleitungen. (0813-9) Von B. Wehrle, 32 S., 26 Farbfotos, 46 Zeichnungen, Pappband. ●

Teddybären
Sechs bezaubernde Modelle (5159-X) Von Y. Thalheim, H. Nadolny, 32 S., 46 Farbfotos, 9 Zeichnungen, mit Vorlagebogen in Originalgröße, kart. ●

Heißgeliebte Teddybären
Selbermachen · Sammeln · Restaurieren. (0900-3) Von H. Nadolny, Y. Thalheim, 80 S., 119 Farbfotos, 23 s/w-Zeichnungen, 14 S. Schnittmusterbogen, kart. ●●

Hobby Salzteig
(0662-4) Von I. Kiskalt, 80 S., 150 Farbfotos, 5 Zeichnungen, Schablonen, kart. ●●

Neue zauberhafte Salzteig-Ideen
(0719-1) Von I. Kiskalt, 80 S., 324 Farbfotos, 12 Zeichnungen, Schablonen, kart. ●●

Kreatives Gestalten mit Salzteig
Originelle Motive für Fortgeschrittene (0769-8) Hrsg. I. Kiskalt, 80 S., 168 Farbfotos, kart. ●●

Originell und dekorativ
Salzteig mit Naturmaterialien
(0833-3) Von A. und H. Wegener, 80 S., 166 Farbfotos, kart. ●●

Salzteig kinderleicht
(0973-9) Von I. Kiskalt, 80 S., 224 Farbfotos, 8 Zeichnungen, kart. ●●

Töpfern
als Kunst und Hobby. (4073-3) Von J. Fricke, 132 S., 37 Farbfotos, 222 s/w-Fotos, Pappband. ●●●●

Kreatives Gestalten mit Ton
Töpfern ohne Scheibe – Aufbaukeramik
(0896-1) Von A. Riedinger, 80 S., 207 Farbfotos, 16 Zeichnungen, 7 Vignetten, kart. ●●

Kreatives Gestalten mit Ton
Töpfern auf der Scheibe
(0971-2) Von A. Riedlinger, 80 S., 28 Farb- und 3 s/w-Zeichng., 178 Farbfotos, kartoniert. ●●

Edles Porzellan
(4437-2) Von M. Lutze, Prof. E. Lessing, 160 S., 175 Farbfotos, Leineneinband, mit Schutzumschlag, im Schuber. ●●

Hobby Glaskunst in Tiffany-Technik
(0781-7) Von N. Köppel, 80 S., 194 Farbfotos, 6 s/w-Abb., kart., ●●

Tiffany-Lampen selbermachen
Arbeitsanleitung · Materialien · Modelle (0684-5) Von I. Spliethoff, 32 S., 60 Farbfotos, 19 Zeichnungen, Pappband. ●

Fensterbilder in Tiffany-Technik
(5168-9) Von P. Matz, 32 S., 43 Farbfotos, mit Vorlagebogen in Originalgröße, kart. ●

Tiffany-Schmuck selbermachen
Materialien · Arbeitsanleitungen · Modelle (0871-6) Von B. Poludniak, H. G. Scheib, 32 S., 55 Farbfotos, Pappband. ●

Tiffany-Technik
und andere kunstvolle Arbeiten in Glas (0972-0) Von. D. Köhnen, 80 S., 176 Farbfotos, 5 s/w-Zeichnungen, kart. ●●

Tiffany-Gürtelschnallen
(5160-3) Von G.G. Scheib, R. Grella, 32 S., 52 Farbfotos, 1 Zeichnung, mit Vorlagebogen in Originalgröße, kart. ●

Schmuck, Accessoires und Dekoratives
aus Fimo modelliert. (0873-2) Von A. Aurich, 32 S., 54 Farbfotos, Pappband. ●

Modeschmuck mit Federn und Straß
(5167-0) Von J. Niemeier, 32 S., 41 Farbfotos, mit Vorlagebogen in Originalgröße, kart. ●

Modeschmuck selbst modellieren
(5196-4) Von K. Eichler, 32 S., 51 Farbfotos, mit Vorlagebogen in Originalgröße, kartoniert. ●

Modeschmuck in vielen Variationen
(5180-8) Von A. Hahn, 32 S., 39 Farbfotos, 3 Zeichnungen, mit Vorlagebogen in Originalgröße, kartoniert. ●

Exklusiver Modeschmuck
aus dem eigenen Atelier (0925-9) Von J. Niemeier, J. Klein, 80 S., 141 Farbfotos, 25 Zeichnungen, kart. ●●

Masken
phantasievoll dekorieren (5155-7) Von Chr. Familler, 32 S., 48 Farbfotos, mit Vorlagebogen in Originalgröße, kart. ●

Bastelspaß mit der Laubsäge
Mit Schnittmusterbogen für viele Modelle in Originalgröße. (0741-8) Von L. Giesche, M. Bausch, 32 S., 61 Farbfotos, 7 Zeichnungen, Schnittmusterbogen, Pappband. ●

Strohschmuck selbstgebastelt
Sterne, Figuren und andere Dekorationen (0740-X) Von E. Rombach, 32 S., 60 Farbfotos, 17 Zeichnungen, Pappband. ●

Hobby Drachen
bauen und steigen lassen. (0767-1) Von W. Schimmelpfennig, 80 S., 1 dreiseitige Ausklapptafel, 55 Farbfotos, 139 Zeichnungen kart. ●●

Lenkdrachen
bauen und fliegen (1011-7) Von W. Schimmelpfennig, 64 S., 51 Farbfotos und 126 Zeichnungen, kartoniert. ●●

Drachen
Einfache Modelle für Kinder (5156-5) Von W. Schimmelpfennig, 32 S., 11 Farbfotos, 31 Zeichnungen, mit Vorlagebogen in Originalgröße, kart. ●

Das große farbige
Bastelbuch für Kinder
(4254-X) Von U. Barff, I. Burkhardt, J. Maier. 224 S., 157 Farbfotos, 430 Farb- und 60 s/w-Zeichnungen, mit Schnittmusterbogen, Pappband. ●●●

Hobby Origami
Papierfalten für groß und klein (0756-6) Von Z. Aytüre-Scheele, 80 S., 820 Farbfotos, kart. ●●

Neue zauberhafte Origami-Ideen
Papierfalten für groß und klein (0805-8) Von Z. Aytüre-Scheele, 80 S., 720 Farbfotos, kart. ●●

Zauberwelt Origami
Tierfiguren aus Papier (1045-1) Von Z. Aytüre-Scheele, 80 S., 660 Farbfotos, kartoniert. ●●

Origami –
Die Kunst des Papierfaltens. (0280-7) Von R. Harbin, 112 S., 633 Zeichnungen, 9 Fotos, kart. ●

Heut basteln wir mit Pappe und Papier
(4413-5) Von U. Barff, J. Maier, 224 S., 117 Farbfotos, 480 Farbzeichnungen, 25 s/w-Abbildungen, mit Schnittmusterbogen, Pappband. ●●●

Das große farbige Bastel- und Werkbuch
(4439-9) Von D. Rex, 256 S., 999 Farbfotos, 33 Farbzeichnungen, Pappband. ●●●●

Schritt für Schritt zum Scherenschnitt
Materialien · Techniken · Gestaltungsvorschläge. (0732-9) Von H. Klingmüller, 32 S., 38 Farbfotos, 34 Vorlagen, Pappband. ●

Fensterbilder in Scherenschnitt
(5169-7) Von A. Hahn, 32 S., 52 Farbfotos, 3 s/w-Fotos, mit Vorlagebogen in Originalgröße, kart. ●

Fensterbilder aus Papier
(5158-1) Von E. Rüscher, 32 S., 39 Farbfotos, 5 Zeichnungen, mit Vorlagebogen in Originalgröße, kart. ●

Fensterbilder
Meine Lieblingstiere
(5197-2) Von Y. Thalheim, H. Nadolny, 32 S., 38 Farbfotos, mit Vorlagebogen in Originalgröße, kart. ●

Die schönsten Fensterbilder
(1066-4) Von C. Kimmerle, 64 S., 100 Farbfotos, kartoniert. ●●

Perfekte Fensterbilder
(4470-4) Von S. Haenitsch-Weiß, A. Weiß, 8 vierfarbige Bogen 280-g-Karton mit Stanzung + 16 S. zweifarbige Ein/Anleitung. ●●

Märchenhafte Fensterbilder
(5185-9) Von J. Maier, 32 S., 37 Farbfotos, mit Vorlagebogen in Originalgröße, kartoniert. ●

Fensterbilder Blumen und Tiere
(5186-7) Von M. Twachtmann, 32 S., 41 Farbfotos, 3 Zeichnungen, mit Vorlagebogen in Originalgröße, kart. ●

Papierflieger
(5157-3) Von T. Gött, 32 S., 73 Farbfotos, 19 Zeichnungen, mit Vorlagebogen in Originalgröße, kart. ●

Mobiles aus Papier
(5183-2) Von J. Maier, 32 S., 17 Farbfots, 35 Farbzeichnungen, mit Vorlagebogen in Originalgröße, kartoniert. ●

Schachteln basteln und dekorieren
(5170-0) Von Chr. Adjano, 32 S., 55 Farbfotos, mit Vorlagebogen in Originalgröße, kart. ●

Die große Schachtelparade
(4438-0) Von Present Team, 16 vierfarbige Bogen 250-g-Karton mit Schachtelstanzung mit 4 S. Einleitung. ●●●

Deco Art
Die Kunst, Geschenke zu verpacken
(0949-6) Von B. Niermann, 80 S., 78 Farbfotos, 191 Zeichnungen, kart. ●●

Geschenkeverpacken für Kinderfeste
(5195-6) Von C. Netolitzky, 32 S., 43 Farbfotos, mit Vorlagebogen in Originalgröße, kartoniert. ●

Bunte Dekorationen für den Kindergeburtstag
Mit Spielanleitung zum Fest der Tiere
(4471-2) Von S. Haenitsch-Weiß, A. Weiß, 8 vierfarbige Bogen 280-g-Karton mit Stanzung + 16 S., zweifarbige Ein/Anleitung. ●●

Originelles Ambiente für Gäste
Festdekorationen
(1049-4) Von B. Niermann, 80 S., 125 Farbfotos, 59 Farbzeichng., kartoniert. ●●

Dekorieren und Arrangieren mit
Seidenblumen
(5200-6) Von M. L. Spang, 32 S., 37 Farbfotos, 14 Farbzeichnungen, mit Vorlagebogen in Originalgröße, kartoniert. ●

Tischkarten dekorativ gestalten
aus allerlei Material für viele Anlässe
(0946-1) Von H. York, 32 S., 108 Farbfotos, Pappband. ●

Glückwunschkarten
(5179-4) Von A. Kolb, B. Michel, 32 S., 54 Farbfotos, mit Vorlagebogen in Originalgröße, kartoniert. ●

Altes Brauchtum neu entdeckt
Schmuck-Eier
Kunstvoll gestalten und verzieren. (0919-4) Von I. Kiskalt, 32 S., 45 Farbfotos, 3 s/w-Zeichnungen, Pappband. ●

Dekorationen für Ostern
(5198-0) Von Y. Thalheim, H. Nadolny, 32 S., 48 Farbfotos, mit Vorlagebogen in Originalgröße, kartoniert. ●

Basteln für Ostern
(5164-6) Von Chr. Adjano, 32 S., 47 Farbfotos, mit Vorlagebogen in Originalgröße, kart. ●

Weihnachtsgeschenke schön verpacken
Schachteln · Dekorationen · Geschenkpapiere
(4469-0) Von Present Team, 10 vierfarbige Bogen 250-g-Karton mit Stanzung, 4 Bogen Geschenkpapier + 4 S. Einleitung. ●●●

Alle Jahre wieder…
Advent und Weihnachten
Basteln, Backen, Schmücken, Singen, Vorlesen, Feiern
(4260-4) Von H. und Y. Nadolny, 256 S., 105 Farbfotos, 130 Zeichn., Pappband. ●●●

Basteln und dekorieren für
Advent und Weihnachten
(4446-1) Von G. Teusen, C. Netolitzky, 176 S., 285 Farbfotos, mit Bastelvorlagebogen, Pappband. ●●●

Basteln für Weihnachten
(5162-X) Von Chr. Adjano, 32 S., 44 Farbfotos, mit Vorlagebogen in Originalgröße, kart. ●

Fensterdekorationen für die Weihnachtszeit
(5181-6) Von Y. Thalheim, H. Nadolny, 32 S., 33 Farbfotos, mit Vorlagebogen in Originalgröße, kartoniert. ●

Adventskalender
(5178-6) Von Y. Thalheim, H. Nadolny, 32 S., 35 Farbfotos, mit Vorlagebogen in Originalgröße, kartoniert. ●

Weihnachtsbasteleien
Advents- und Weihnachtsschmuck für groß und klein
(0667-5) Von M. Kühnle und S. Beck, 32 S., 56 Farbfotos, 6 Zeichnungen, Pappband. ●

Feuerzeichen behaglicher Wohnkultur
Kachelöfen, Kamine und Kaminöfen
(4288-4) Hrsg. von C. Berninghaus. Von R. Heinen, G. Kosicek, H.P. Sabborrosch, 168 S., 291 Farbfotos, 2 s/w-Fotos, 8 Zeichnungen, Pappband. ●●●●

Falken Handbuch
Heimwerken
Reparieren und Selbermachen im Haus und Wohnung – über 1100 Farbfotos. Praktische Tips vom Profi: Selbermachen, Reparieren, Renovieren, Kostensparen. (4117-9) Von Th. Pochert, 440 S., 1103 Farbfotos, 100 ein- und zweifarbige Abb., Pappband. ●●●●

Restaurieren von Möbeln
Stilkunde, Materialien, Techniken, Arbeitsanleitungen in Bildfolgen.
(4120-9) Von E. Schnaus-Lorey, 152 S., 37 Farbfotos, 75 s/w-Fotos, 352 Zeichnungen, Pappband. ●●●●

Möbel aufarbeiten, reparieren und pflegen
(0386-2) Von E. Schnaus-Lorey, 96 S., 28 Fotos, 101 Zeichnungen, kart. ●

FALKEN-Heimwerker-Praxis
Kleinmöbel aus Holz
(0905-4) Von O. Maier, 128 S., 210 Farbfotos, 80 Zeichnungen, kart. ●●

FALKEN-Heimwerker-Praxis
Anstreichen und Lackieren
(0771-X) Von P. Müller, 120 S., 196 Farbfotos, 2 s/w-Fotos, 3 Zeichnungen, kart. ●●

FALKEN-Heimwerker-Praxis
Elektroarbeiten
(0975-5) Von K.H. Schubert, 120 S., 193 Farbfotos, 40 Zeichnungen, kart. ●●

Falken-Heimwerker-Praxis
Mofa- und Moped-Reparaturen
(1008-7) Von T. Kohlmey, 128 S., 280 Farbabbildg. und Zeichng., kartoniert. ●●

FALKEN-Heimwerker-Praxis
Fahrrad-Reparaturen
(0796-5) Von R. van der Plas, 112 S., 140 Farbfotos, 113 farbige Zeichnungen, kart. ●●

Ikebana
Einführung in die japanische Kunst des Blumensteckens. (0548-2) Von G. Vocke, 152 S., 47 Farbfotos, 1 Zeichnung, Pappband. ●

Blütenbilder aus Blumen und Blättern
Phantasievolle Naturcollagen
(0872-4) Von G. Schamp, 32 S., 57 Farbfotos, 1 Zeichnung, Pappband. ●

Hobby Gewürzsträuße
und zauberhafte Gebinde nach Salzburger Art. (0726-4) Von A. Ott, 80 S., 101 Farbfotos, 51 farbige Zeichnungen, kart. ●●

Hobby Trockenblumen
Gewürzsträuße, Gestecke, Kränze, Buketts.
(0643-8) Von R. Strobel-Schulze, 88 S., 170 Farbfotos, kart. ●●

Neue zauberhafte Trockenblumen-Ideen
(0821-X) Von R. Strobel-Schulze, 80 S., 163 Farbfotos, kart. ●●

Phantasievolles Schminken
Verzauberte Gesichter für Maskeraden, Laienspiele und Kinderfeste
(0907-0) Hrsg.: H. u. Y. Nadolny, 64 S., 227 Farbfotos, kart. ●●

Schminken für Kinder
(5177-8) Von Y. Thalheim, H. Nadolny, 32 S., 68 Farbfotos, mit Vorlagebogen in Originalgröße, kartoniert. ●

Mit vollem Genuß **Pfeife rauchen**
Alles über Tabaksorten, Pfeifen und Zubehör
(4227-2) Von H. Behrens, H. Frickert, 168 S., 127 Farbfotos, 18 Zeichn., Pappband. ●●●●

Pfeiferauchen leicht gemacht
Die richtige Art, Tabak zu genießen
(1026-5) Von O. Pollner, 112 S., 125 Farbfotos, 5 zweifarbige-Abb., kart. ●●

Die Fazination der Philatelie
Briefmarken sammeln
(4273-6) Von D. Stein, 212 S., 124 s/w-Fotos, 24 Farbtafeln, Pappband. ●●●

Briefmarken sammeln
(0481-8) Von D. Stein. 120 S., 4 Farbtafeln, 98 s/w-Abb., kart. ●

Freizeit mit dem Mikroskop
(0291-2) Von M. Deckart, 132 S., 8 Farbtafeln, 64 s/w-Abb., 2 Zeichnungen, kart. ●●

Astronomie im Bild
Unser Sternenhimmel rund ums Jahr
(0849-X) Von Dr. E. Übelacker, 88 S., 48 Farbfotos, 1 s/w-Foto, 68 Farbzeichn., kart.
●●

Astronomie als Hobby
Sternbilder und Planeten erkennen und benennen. (0572-5) Von D. Block, 176 S., 16 Farbfotos, 49 s/w-Fotos, 93 Zeichnungen, kart. ●●

Moderne Fotopraxis
(4401-1) Von G. Koshofer, Prof. H. Wedewardt, 224 S., 363 Farbfotos, 106 s/w-Fotos, 5 Farb- und 24 s/w-Zeichnungen, Pappband. ●●●

Mach dir ein Bild
Praxistips für Foto, Film und Video
(4410-0) Von G. Staab, 208 S., 202 Farbfotos, 175 s/w-Fotos, 1 Zeichnung, Pappband. ●●●

So macht man bessere Fotos
Das meistverkaufte Fotobuch der Welt
(0614-4) Von M. L. Taylor, 192 S., 457 Farbfotos, 8 s/w-Fotos, 7 Zeichnungen, kart. ●●

Aktfotografie
Interpretationen zu einem unerschöpflichen Thema. Gestaltung · Technik · Spezialeffekte. (0737-X) Von H. Wedewardt, 88 S., 144 Farb- und 6 s/w-Fotos, 6 Zeichnungen, kart. ●●

Videografieren
Filmen mit Video 8. Technik – Bildgestaltung – Schnitt – Vertonung. (0843-0) Von M. Wild, K. Möller, 120 S., 101 Farbfotos, 22 s/w-Fotos, 52 Zeichnungen, kart. ●●

Videografieren perfekt
Profitricks für Aufnahmetechnik und Nachbearbeitung
(0969-0) Von W. Schild, 120 S., 144 Farbabb., 5 s/w-Zeichnungen, kart. ●●●

Schmalfilmen
Ausrüstung · Aufnahmepraxis · Schnitt · Ton.
(0342-0) Von U. Ney, 108 S., 4 Farbtafeln, 25 s/w-Fotos, kart. ●

Anlagenbau in Modultechnik
für Modelleisenbahnen und Dioramen.
(0845-7) Von J. Thal, 104 S., 68 Farbfotos, 28 Zeichnungen, kart. ●●●

Kleine Welt auf Rädern
Das faszinierende Spiel mit den **Modelleisenbahnen** (4175-6) Von F. Eisen, 256 S., 72 Farb- und 180 s/w-Fotos, 25 Zeichnungen, Pappband. ●●●

Elektronik als Hobby
Von der Grundlagenschaltung zum integrierten Schaltkreis
Mit 8 wichtigen Universalplatinen
(4293-0) Von W. Priesterath, 264 S., 80 s/w-Fotos, 128 Zeichn., Pappband. ●●●

Die Super-Sportwagen der Welt
(4423-2) Von H.G. Isenberg, 194 S., 184 Farbfotos, 4 farbige Ausklapptafeln, 32 s/w-Fotos, Pappband. ●●●●

Die Super Oldtimer der Welt
(4465-8) Von H. G. Isenberg, 194 S., 161 Farb- und 36 s/w-Fotos, 4 Ausklapptafeln, Pappband. ●●●●

Die Super-Trucks der Welt
(4257-4) Von H.G. Isenberg, 194 S., 205 Farbfotos, 87 s/w-Fotos, 7 Farbzeichnungen, 4 farb. Ausklapptafeln, Pappband. ●●●●

Die Super-Motorräder der Welt
(4193-4) Von H. G. Isenberg, 192 S., 170 Farb- und 100 s/w-Fotos, 8 Zeichnungen, Pappband. ●●●●

Die Super-Eisenbahnen der Welt
(4287-6) Von W. Kosak, H. G. Isenberg, 224 S., 269 Farbfotos, 79 s/w-Fotos, 8 Vignetten, 5 farb. Ausklapptafeln, Pappband. ●●●●

Sport und Fitneß

Neue Lehrmethoden der Judo-Praxis
(0424-9) Von P. Herrmann, 223 S., 475 Abb., kart. ●●

Judo
Grundlagen - Methodik. (0305-6) Von M. Ohgo, 208 S., 1025 Fotos, kart. ●●

Fußwürfe
für Judo, Karate und Selbstverteidigung. (0439-7) Von H. Nishioka, übers. von H.J. Heese, 96 S., 260 Abb., kart. ●●

Modernes Karate
Das große Standardwerk mit 2279 Abbildungen. (4280-9) Von T. Okazaki, Dr. med. M. V. Stricevic, übers. von M. Pabst, 376 S., 2279 s/w-Abb., Pappband. ●●●●●

Nakayamas Karate perfekt 1
Einführung. (0487-7) Von M. Nakayama, 136 S., 605 s/w-Fotos, kart. ●

Nakayamas Karate perfekt 2
Grundtechniken. (0512-1) Von M. Nakayama, 136 S., 354 s/w-Fotos, 53 Zeichn., kart. ●●

Nakayamas Karate perfekt 3
Kumite 1: Kampfübungen. (0538-5) Von M. Nakayama, 128 S., 424 s/w-Fotos, kart. ●●

Nakayamas Karate perfekt 4
Kumite 2: Kampfübungen. (0547-4) Von M. Nakayama, 128 S., 394 s/w-Fotos, kart. ●●

Nakayamas Karate perfekt 5
Kata 1: Heian, Tekki. (0571-7) Von M. Nakayama, 144 S., 1229 s/w-Fotos, kart. ●●

Nakayamas Karate perfekt 6
Kata 2: Bassai-Dai, Kanku-Dai, (0600-4) Von M. Nakayama, 144 S., 1300 s/w-Fotos, 107 Zeichnungen, kart. ●●

Nakayamas Karate perfekt 7
Kata 3: Jitte, Hangetsu, Empi. (0618-7) Von M. Nakayama, 144 S., 1988 s/w-Fotos, 105 Zeichnungen, kart. ●●

Nakayamas Karate perfekt 8
Gankaku, Jion. (0650-0) Von M. Nakayama, 144 S., 1174 s/w-Fotos, 99 Zeichnungen, kart. ●●

Karate für alle
Karate-Selbstverteidigung in Bildern. (0314-5) Von A. Pflüger, 104 S., 323 s/w-Fotos, kart. ●●

Fit mit Karate
(2308-1) Von A. Pflüger, 96 S., 134 Farbfotos, 4 s/w-Zeichnungen, kart. ●●

25 Shotokan-Katas
Auf einen Blick: Karate-Katas für Prüfungen und Wettkämpfe. (0859-7) Von A. Pflüger, 88 S., 185 s/w-Abb., 24 ganzseitige Tafeln mit über 1.600 Einzelschritten, kart. ●●

Kontakt-Karate
Ausrüstung · Technik · Training. (0396-X) Von A. Pflüger, 112 S., 238 s/w-Fotos, kart. ●●

Bo-Karate
Habo-Jitsu – die Techniken des Stockkampfes. (0447-8) Von G. Stiebler, 176 S., 424 s/w-Fotos, 38 Zeichnungen, kart. ●●

Karate 1
Einführung · Grundtechniken. (0227-0) Von A. Pflüger, 144 S., 195 s/w-Fotos, 120 Zeichnungen, kart. ●

Karate 2
Kombinationstechniken · Katas. (0239-4) Von A. Pflüger, 176 S., 452 s/w-Fotos und Zeichnungen,kart. ●

Karate Kata 1
Heian 1–5, Tekki 1, Bassai Dai. (0683-7) Von W.-D. Wichmann, 164 S., 703 s/w-Fotos, kart. ●

Karate Kata 2
Jion, Empi, Kanku-Dai, Hangetsu. (0723-X) Von W.-D. Wichmann, 140 S., 661 s/w-Fotos, 4 Zeichnungen, kart. ●●

Der König des Kung-Fu
Bruce Lee
Sein Leben und Kampf. (0392-7) Von L. Lee, 136 S., 104 s/w-Fotos, kart. ●●

Bruce Lees Kampfstil 1
Grundtechniken. (0473-7) Von B. Lee, M. Uyehara, 109 S., 220 Abb., kart. ●

Bruce Lees Kampfstil 2
Selbstverteidigungs-Techniken. (0486-9) Von B. Lee, M. Uyehara, 128 S., 310 Abb., kart. ●

Bruce Lees Kampfstil 3
Trainingslehre. (0503-2) Von B. Lee, M. Uyehara, 112 S., 246 Abb., kart. ●

Bruce Lees Kampfstil 4
Kampftechniken. (0523-7) Von B. Lee, M. Uyehara, 104 S., 211 Abb., kart. ●

Kung-Fu 1
Legende · Philosophie · Grundtechniken (0891-X) Von Chr. Yim, 152 S., 401 s/w-Fotos, 2 s/w-Zeichnungen, kart. ●●

Kung-Fu und Tai-Chi
Grundlagen und Bewegungsabläufe. (0367-6) Von B. Tegner, 182 S., 370 s/w-Fotos, kart. ●

Kung-Fu
Grundlagen · Bewegungsabläufe · Körperschule. (0376-5) Von M. Pabst, 160 S., 330 Abb., kart. ●

Bruce Lees Jeet Kune Do
(0440-0) Von B. Lee, 192 S., mit 105 eigenhändigen Zeichnungen von B. Lee, kart. ●●

Shaolin-Kempo – Kung-Fu
Chinesisches Karate im Drachenstil. (0395-1) Von R. Czerni, K. Konrad, 246 S., 723 Abb., kart. ●●

Kickboxen
Fitneßtraining und Wettkampfsport. (0795-7) Von G. Lemmens, 96 S., 208 s/w-Fotos, 23 Zeichnungen, kart. ●●

Ninja 1
Die Lehre der Schattenkämpfer. (0758-2) Von S.K. Hayes, übers. von J. Schmit, 144 S., 137 s/w-Fotos, kart. ●●

Ninja 2
Die Wege zum Shoshin (0763-9) Von S.K. Hayes, übers. von J. Schmit, 160 S., 309 s/w-Fotos, 2 Zeichnungen, kart. ●●

Ninja 3
Der Pfad des Togakure-Kämpfers. (0764-7) Von S.K. Hayes, übers. von J. Schmit, 144 S., 197 s/w-Fotos, 2 Zeichnungen, kart. ●●

Ninja 4
Das Vermächtnis der Schattenkämpfer (0807-4) Von S.K. Hayes, übers. von J. Schmit, 196 S., 466 s/w-Fotos, kart. ●●

Taekwondo perfekt 1
Die Formenschule bis zum Blaugurt (0890-2) Von K. Gil, Kim Chul-Hwan, 176 S., 439 s/w-Fotos, 107 Zeichnungen, kart. ●●

Taekwondo perfekt 2
Die Formenschule vom Blau- bis zum Schwarzgurt (0976-3) Von K. Gil, K. Chul-Hwan, 192 S., 461 s/w-Fotos, 112 Zeichnungen, kart. ●●

Taekwondo perfekt 3
(1068-0) Von K. Gil, K. Chul-Hwan, 200 S., 429 s/w-Fotos, kartoniert. ●●

Illustriertes Handbuch des Taekwondo
Koreanische Kampfkunst und Selbstverteidigung. (4053-9) Von K. Gil, 248 S., 1026 Abb., Pappband. ●●●

Taekwon-Do
Koreanischer Kampfsport. (0347-1) Von K. Gil, 152 S., 408 Abb., kart. ●●

Ju-Jutsu als Wettkampf
(0826-0) Von G. Kulot, 168 S., 418 s/w-Fotos, 2 Zeichnungen, kart. ●

Ju-Jutsu 1
Grundtechniken - Moderne Selbstverteidigung. (0276-9) Von W. Heim, F.J. Gresch, 164 S., 450 s/w-Fotos, 8 Zeich., kart. ●

Ju-Jutsu 2
für Fortgeschrittene und Meister. (0378-1) Von W. Heim, F. J. Gresch, 160 S., 798 s/w-Fotos, kart. ●

Ju-Jutsu 3
Spezial-, Gegen- und Weiterführungs-Techniken · Stockkampfkunst (0485-0) Von W. Heim, F.J. Gresch, 200 S., über 600 s/w-Fotos, kart. ●●

Aikido
Lehren und Techniken des harmonischen Weges. (0537-7) Von R. Brand, 280 S., 697 Abb., kart. ●

Hap Ki Do
Koreanische Selbstverteidigung nach dem Lehrsystem des Großmeisters. (0379-X) Von Kim Sou Bong, 112 S., 152 Abb., kart. ●●

Dynamische Tritte
Grundlagen für den Zweikampf. (0438-9) Von C. Lee, 96 S., 398 s/w-Fotos, 10 Zeichnungen, kart. ●●

Selbstverteidigung
Abwehrtechniken für Sie und Ihn (0853-8) Von E. Deser, 96 S., 259 s/w-Fotos, kart. ●

Die Faszination athletischer Körper
Bodybuilding
mit Weltmeister Ralf Möller. (4281-7) Von R. Möller, 128 S., 169 Farbfotos, 14 s/w-Fotos, 1 Farbzeich., Pappband. ●●●●

Bodyshaping · Bodybuilding
Mit Anja Albrecht zur Idealfigur. (4405-4) Von A. Albrecht, 128 S., 164 Farbfotos, 4 s/w-Fotos, 1 Farb- und 1 s/w-Zeichnung, Pappband. ●●●●

Ladyfitneß
Das neue Körperbewußtsein der Frau Bodyshaping · Körperpflege · Ernährung · Entspannung (4433-X) Von Prof. Dr. S. Starischka, B. Grabis, D. von Gramm, G.W. Kienitz, ca. 128 S., ca. 113 Farbfotos, Pappband. ●●●●

Bodybuilding für Frauen
Wege zu Ihrer Idealfigur. (0661-6) Von H. Schulz, 112 S., 84 s/w-Fotos, 4 Zeichnungen, kart. ●

Fit mit Bodybuilding
(2314-6) Von L. Spitz, 112 S., 203 Farbabbildungen, 10 Tabellen. ●●

Bodybuilding Anleitung zum Muskel- und Konditionstraining für sie und ihn. (0604-7) Von R. Smolana, 160 S., 171 s/w-Fotos, kart. ●

Hanteltraining zu Hause
(0800-7) Von W. Kieser, 80 S., 71 s/w-Fotos, 4 Zeichnungen, kart. ●

Leistungsfähiger durch Krafttraining
Eine Anleitung für Fitness-Sportler, Trainer und Athleten (0617-9) Von W. Kieser, 96 S., 20 s/w-Fotos, 62 Zeichnungen, kart. ●

Fit und gesund
FitneßTraining und Bodybuilding zu Hause. Trainingsprogramme für Ihr Wohlbefinden. (0782-5) Von Prof. Dr. S. Starischka, 80 S., 100 Farbfotos, 3 Zeichnungen, kart. ●●

Optimale Ernährung
für Krafttraining und Budybuilding.
(0912-7) Von B. Dahmen, 88 S., 8 Farbtafeln, 8 Zeichnungen, kart. ●

Fit mit Bio-Training
für Kraft, Ausdauer und Schnelligkeit
(2310-3) Von L. Spitz, 112 S., 197 Farbfotos, 11 Farb- und 4 s/w-Zeichnungen, kart. ●●

Top-Form im Sport
Ernährungs-Training
Das Erfolgsprogramm für den Ausdauer-sportler. (0945-3) Von M. Inzinger, Dipl.-Oec. troph. G. Wagner, 160 S., 31 Farbzeichnungen, 16 Grafiken, kart. ●●

Gesund und fit durch Konditionstraining und Wirbelsäulengymnastik
(0844-9) Von R. Milser u. K. Grafe, 104 S., 99 Farbfotos, 12 Farbzeichnungen, 5 s/w-Zeichnungen, kart. ●●

Fit mit Tai Chi
als sanfte Körpererfahrung (2305-7) Von B. u. K. Moegling, 112 S., 121 Farbfotos, 6 Farb- u. 4 s/w-Zeichnungen, kart. ●●

Isometrisches Training
Übungen für Muskelkraft und Entspannung.
(0529-6) Von L. M. Kirsch, 140 S., 162 s/w-Fotos, kart. ●●

Stretching
Mit Dehnungsgymnastik zu Entspannung. Geschmeidigkeit und Wohlbefinden.
(0717-5) Von H. Schulz, 80 S., 90 s/w-Fotos, kart. ●

Fit mit Stretching
(2304-9) Von B. Kurz, 96 S., 255 Farbfotos, kart. ●●

Gesund und fit durch Gymnastik
(0366-8) Von H. Pilss-Samek, 88 S., 130 Abb., kart. ●

Fit und frisch
Gymnastik für die ganze Familie
(6501-9) Von G. Sieber, 104 S., 306 Farbfotos, 5 Farbzeichnungen, kart., mit Audiokassette, Laufzeit 30 Min., ●●●

Fit mit Frank Elstner
Das neue Aktiv-Programm
(4430-5) Hrsg. von Frank Elstner, fachl. Mitarbeiter Prof. Dr. S. Starischka u. a., 184 S., 215 Farbfotos, 72 Zeichnungen, 8 farbige Grafiken. ●●●●

Fit mit Laufen
(2315-4) Von W. Sonntag, 96 S., 60 Farbfotos, 8 Farbzeichnungen, kart. ●●

Spaß am Laufen
Jogging für die Gesundheit. (0470-2) Von W. Sonntag. 140 S., 41 s/w-Fotos, 1 Zeichnung, kart. ●

Fit mit Sportschießen
(2312-X) Von H. Gabelmann, ca. 112 S., ca. 100 Farbabbildungen, kart. ●●

Fechten
Florett · Degen · Säbel. (0449-4) Von E. Beck, 88 S., 185 Fotos, 10 Zeichnungen, kart. ●●

Fit mit Sportabzeichen
(2307-3) Von G. Hennige, 104 S., 107 Farbfotos, kart. ●●

Volleyball
Technik · Taktik · Regeln. (0351-X) Von H. Huhle, 104 S., 330 Abb., kart. ●

Fit mit Volleyball
(2302-2) Von Dr. A. Scherer, 104 S., 27 Farb-und 1 s/w-Foto, 12 Farb- und 29 s/w-Zeichnungen, kart. ●●

Fit mit Fußball
(2309-X) Von H. Obermann, P. Walz, 112 S., 47 Farbfotos, 18 Farb- und 25 s/w-Zeichnungen, kart. ●●

Handball
Technik · Taktik · Regeln. (0426-5) Von F. und P. Hattig, 128 S., 91 s/w-Fotos, 121 Zeichnungen, kart. ●●

Die neue Tennis-Praxis
Der individuelle Weg zu erfolgreichem Spiel.
(4097-0) Von R. Schönborn, 240 S., 202 Farbzeichnungen, 31 s/w-Abb., Pappband. ●●●●

Tennis
Technik · Taktik · Regeln. (0375-7) Von W. u. S. Taferner, 112 S., 81 Abb., kart. ●

Tischtennis-Technik
Der individuelle Weg zu erfolgreichem Spiel.
(0775-2) Von M. Perger, 144 S., 296 Abb. kart. ●

Badminton
Technik · Taktik · Training. (0699-3) Von K. Fuchs, L. Sologub, 168 S., 51 Abb., kart., ●●

Squash
Ausrüstung · Technik · Regeln. (0539-3) Von D. von Horn, H.-D. Stünitz, 96 S., 55 s/w-Fotos, 25 Zeichnungen, kart. ●

Fit mit Squash
(2311-1) Von P. Langhammer, R. Michna, 96 S., 86 Farbfotos, 13 Farbzeichnungen, kart. ●●

Eishockey
Lauf- und Stocktechnik, Körperspiel, Taktik, Ausrüstung und Regeln. (0414-1) Von J. Čapla, 264 S., 548 s/w-Fotos, 163 Zeichnungen, kart. ●●

Golf
Ausrüstung und Technik. (0343-9) Von J.C. Jessop, übersetzt von H. Biemer, mit einem Vorwort von H. Krings, Präsident des Deutschen Golf-Verbandes, 96 S., 347 Abb., Anhang Golfregeln des DGV, kart. ●●

Pool-Billard
(0484-2) Herausgegeben vom Deutschen Pool-Billard-Bund. Von M. Bach, K.-W. Kühn, 104 S., 64 Abb., kart. ●

Tanzstunde
Das Welttanzprogramm leicht gelernt
(4409-2) Von G. Hädrich, 164 S., 489 s/w-Fotos, 63 Zeichnungen, Pappband. ●●●

Wir lernen tanzen
Standard- und lateinamerikanische Tänze
(0200-9) Von E. Fern, 152 S., 119 s/w-Fotos, 47 Zeichnungen, kart. ●

Fit mit Tanzen
(2303-0) Von K. Richter, H. Kleinow, 96 S., 102 Farbfotos, kart. ●●

Dancing
Moderne Discotänze: mit Mambo und Salsa
(0977-1) Von B. und F. Weber, 96 S., 207 s/w-Fotos, kart. ●

Jive
(5174-1) Von Peter Wolff, 32 S., 66 Farbfotos, 7 Zeichng., mit Tanzteppich, kartoniert. ●

Cha-Cha-Cha
(5177-9) Von Peter Wolff, 32 S., 51 Farbfotos, 10 Zeichnungen, mit Tanzteppich, kartoniert. ●

Foxtrott
(5172-7) Von Peter Wolff, 32.S., 55 Farbfotos, 10 Zeichnungen, mit Tanzteppich, kartoniert. ●

Langsamer Walzer
(5173-5) Von Wolff, 32 S., 50 Farbfotos, 10 Zeichnungen, mit Tanzteppich, kartoniert. ●

Dirty Dancing
Step by Step leicht gelernt
(0992-5) Von D. Glück, G. Teusen, 80 S., 140 Farbfotos, kart. ●●

Anmutig und fit durch Bauchtanz
(0911-9) Von Marta, 120 S., 229 Farbfotos, 6 s/w-Zeichnungen, kart. ●●

Sporttauchen
Theorie und Praxis des Gerätetauchens
(0647-0) Von S. Müßig, 144 S., 8 Farbtafeln, 35 s/w-Fotos, 89 Zeichnungen, kart. ●●

Angelfischerei von Aal bis Zander
Fische · Geräte · Technik. (0324-2) Von H. Oppel, 72 S., 16 Farbt., 49 s/w-Abb., kart. ●●

Angeln
Kleine Fibel für den Sportfischer. (0198-3) Von E. Bondick, 80 S., 4 Farbt., 116 Abb., kart. ●

Falken-Handbuch Angeln
in Binnengewässern und im Meer. (4090-3) Von H. Oppel, 344 S., 24 Farbtafeln, 66 s/w-Fotos, 151 Zeichn., gebunden. ●●●●

Funboard-Surfen
Material · Technik · Regatten · Internationale Reviere. (4297-3) Von J. Evans, 144 S., 106 Farbfotos, 9 Farbzeichnungen, 68 zweifarbige und 5 s/w-Zeichnungen, kart. ●●●

Fit mit Surfen
(2317-3) Von H. Mönster, K.-H. Eden, B. Bohr, 104 S., 110 Farbfotos, 23 s/w-Zeichnungen, kartoniert. ●●

TELESKI
Skigymnastik perfekt
(1037-0) Von M. Vorderwülbecke, G. Kern, 120 S., 220 Farbfotos, 16 farbige Grafiken, 19 Farbzeichnungen, kartoniert. ●●

Fibel für Kegelfreunde
Sport- und Freizeitkegeln · Bowling
(0191-6) Von G. Bocsai, 72 S., 62 Abb., kart. ●

Fit mit Kegeln
(2301-4) Von G. Gromann, 96 S., 51 Farbfotos, 50 Farb- und 4 s/w-Zeichnungen, kart. ●●

Beliebte und neue Kegelspiele
(0271-8) Von H. Regulski, 92 S., 62 Abb., kart. ●

111 spannende Kegelspiele
(2031-7) Von H. Regulski, 80 S., 53 Zeichnungen, kart. ●

Schach

Einführung in das Schachspiel
(0104-5) Von W. Wollenschläger und K. Colditz, 112 S., 116 Diagramme, kart. ●

Falken-Handbuch Schach
(4051-2) Von T. Schuster, 360 S., über 340 Diagramme, gebunden. ●●●●

Spielend Schach lernen
(2002-3) Von T. Schuster, 96 S., kart. ●

Kinder- und Jugendschach
Offizielles Lehrbuch des Deutschen Schachbundes zur Erringung der Bauern-, Turm-und Königsdiplome. (0561-X) Von B.J. Withuis, H. Pfleger, 144 S., 220 Zeichnungen und Diagramme, kart. ●●

Zug um Zug
Schach für Jedermann 1
Offizielles Lehrbuch des Deutschen Schachbundes zur Erringung des Bauerndiploms. (0648-9) Von H. Pfleger, E. Kurz, 80 S., 24 s/w- Fotos, 8 Zeichn., 60 Diagramme, kart. ●

FALKEN-Software
Zug um Zug
Schach für jedermann 1
(**7015**-2) Wendediskette für C 64 / C 128 PC,
mit Begleitheft. ●●●*

(**7005**-1) Wendediskette für Atari ST
520/1040 mit Begleitheft. ●●●●●*

Zug um Zug
Schach für jedermann 2
Offizielles Lehrbuch des Deutschen Schachbundes zur Erringung des Turmdiploms.
(**0659**-4) Von H. Pfleger, E. Kurz, 128 S.,
7 s/w-Fotos, 13 Zeichnungen, 78 Diagramme, kart. ●

Zug um Zug
Schach für jedermann 3
Offizielles Lehrbuch des Deutschen Schachbundes zur Erringung des Königdiploms.
(**0728**-0) Von H. Pfleger, G. Treppner, 128 S.,
4 s/w-Fotos, 84 Diagramme, 10 Zeichnungen, kart. ●

Schach für Fortgeschrittene
Taktik und Probleme des Schachspiels
(**0219**-X) Von R. Teschner, 88 S., 85 Diagramme, kart. ●

Neue Schacheröffnungen
(**0478**-0) Von T. Schuster 104 S., 100 Diagramme, kart. ●

**Lehr-, Übungs- und Testbuch der Schach-
kombinationen**
(**0649**-7) Von K. Colditz, 184 S., 227 Diagramme, kart. ●

Erfolgreiche Schachlehre
Eröffnungs- und Mittelspielstrategie
(**0991**-9) Von D. Bronstein, 254 S., 201 Diagramme, Pappband. ●

Faszinierendes Schach
(**0989**-5) Von I. Linder, 285 S., 295 Diagramme, Pappband. ●●

Die hohe Schule der
Schachkombinationen
(**0920**-8) Von W. Golz, P. Keres, 272 S.,
322 Diagramme, Pappband. ●●

Schwerfiguren greifen ein
(**0979**-8) Von J. Damski, 184 S., 244 Diagramme, Pappband. ●●

Sizilianisch siegen
durch die Kunst der Verteidigung
(**0990**-2) Von M. Taimanow, 160 S.,
124 Diagramme, Pappband. ●●

Schnelle Schachsiege
Das meisterliche Gambitspiel
(**1038**-9) Von S. Samarian, 28 S., 125 Diagramme, kartoniert. ●●

Offizielles Lehrbuch des Deutschen
Schachbundes
Das systematische Schachtraining
Trainingsmethoden, Strategien und Kombi-
nationen. (**0857**-0) Von Sergiu Samarian,
152 S., 159 Diagramme, 1 Zeich., kart. ●●

Taktische Schachendspiele
(**0752**-3) Von J. Nunn, 208 S., 152 Diagramme, kart. ●●

Schachstrategie
Ein intensivkurs mit Übungen und ausführlichen Lösungen. (**0584**-9) Von A. Koblenz,
dt. Bearb. von K. Colditz, 212 S., 240 Diagramme, kart. ●●

Schachtraining mit den Großmeistern
(**0670**-5) Von H. Bouwmeester, 128 S., 90
Diagramme, kart. ●●

**Die besten Partien deutscher Schach-
großmeister**
(**4121**-7) Von H. Pfleger, 192 S., 29 s/w-Fotos,
89 Diagramme, kart. ●●●

So denkt ein Schachmeister
Strategische und taktische Analysen.
(**0915**-1) Von H. Pfleger, G. Treppner, 120 S.,
75 Diagramme, kart. ●●

Schach als Kampf
Meine Spiele und mein Weg. (**0729**-9) Von
G. Kasparow, 144 S., 95 Diagramme,
9 s/w-Fotos, kart. ●●

Kasparows Schacheröffnungen
(**1021**-4) Von O. Borik, 136 S., 16 s/w-Fotos,
kartoniert. ●●

Helmut Pflegers
Schachkabinett
Amüsante Aufgaben – überraschende
Lösungen. (**0877**-5) Von H. Pfleger, 160 S.,
118 Diagramme, kart. ●●

Schach mit dem Computer
(**0747**-7) Von D. Frickenschmidt, 140 S.,
112 Diagramme, 29 s/w-Fotos, 5 Zeichnungen, kart. ●●

FALKEN-Software
Das komplette Schachprogramm
Spielen, Trainieren, Problemlösen mit dem
Computer. (**7006**-3) Von J. Egger, Diskette
für C 64, C 128 PC, mit Begleitheft.
●●●●●*

Mensch und Gesundheit

Total verknallt ... und keine Ahnung?
Alles über Liebe, Sex und Zärtlichkeit
(**1024**-9) Von H. Bruckner, R. Rathgeber, 104
S., 38 Abbildungen, kartoniert. ●●

Sinnliche Liebe
Sex und Partnerschaft
(**4436**-4) Von Dr. A. Stanway, 160 S., 60 vierfarbige Illustrationen, Pappband. ●●●●

Streicheleinheiten für Körper und Seele
Partner Massage
(**4444**-5) Von Chr. Unseld-Baumanns, 136 S.,
145 Farbfotos, Pappband. ●●●●

Der moderne Ratgeber
Wir werden Eltern
Schwangerschaft · Geburt · Erziehung des
Kleinkindes. (**4269**-8) Von B. Nees-Delaval,
376 S., 335 2-farbige Abb., Pappband.
●●●●

Wenn Sie ein Kind bekommen
(**4003**-2) Von U. Klamroth, Dr. med. H. Oster,
240 S., 86 s/w-Fotos, 30 Zeichn., kart. ●●●

Wenn der Mensch zum Vater wird
Ein heiter-besinnlicher Ratgeber
(**4259**-0) Von D. Zimmer, 160 S., 20 Zeichnungen, Pappband. ●

Vorbereitung auf die Geburt und
Schwangerschaftsgymnastik
Atmung, Rückbildungsgymnastik.
(**0251**-3) Von s. Buchholz, 112, S., 98
s/w-Fotos, kart. ●

Yoga für Schwangere
Der Weg zur sanften Geburt
(**0777**-9) Von V. Bolesta-Hahn, 112 S., 76
zweifarbige Abb., kart. ●●

Die Kunst des Stillens
nach neuesten Erkenntnissen (**0701**-9) Von
Prof. Dr. med. E. Schmidt, S. Brunn, 112 S.,
20 Fotos und Zeichnungen, kart. ●●

Das Babybuch
Pflege · Ernährung · Entwicklung
(**0531**-8) Von A. Burkert, 96 S., 76 zweifrg.
Zeichn., 22 s/w-Zeichn., kart. ●●

Babyfitness
Massage, Spiele, Gymnastik und Schwim-
men für Kinder im 1. Lebensjahr
(**1034**-6) Von G. Zeiß, 112 S., 179 zweifarbige
Illustrationen, kartoniert. ●●

Wenn Kinder krank werden
Medizinischer Ratgeber für Eltern
(**4240**-X) Von Dr. med. I.J. Chasnoff, B. Nees-
Delaval, 232 S., 163 Zeichn., Pbd.. ●●●

FALKEN-Software
Ego-Tests
Sich und andere besser erkennen und
verstehen. (**7012**-8) Diskette für IBM PC
kompatible (MS DOS) mit Begleitheft.
●●●●●*

Bildatlas des menschlichen Körpers
(**4177**-2) Von G. Pogliani, V. Vannini, 112 S.,
402 Farbabb. 28 s/w-Fotos, Pappband. ●●●

**Das moderne Hausbuch der
Naturheilkunde**
Neueste Erkenntnisse der Ganzheitsmedizin
von Akupressur bis Zelltherapie
(**4403**-8) Von G. Leibold, 448 S., 263 Farbzeich., 15 s/w-Fotos, Pappband. ●●●●●

Pillenpreise unverblümt
Rezeptfreie Medikamente:
Medizinische Grundlagen · Wirkungen ·
Risiken · Preisübersicht
(**4426**-7) Von Dr. rer.nat. K. Mayer, 248 S.,
franz. Broschur. ●●●

Ratgeber Aids
Entstehung, Ansteckung, Krankheitsbilder,
Heilungschancen, Schutzmaßnahmen
(**0803**-1) Von B. Baartman, Vorwort von
Dr. med. H. Jäger, 112 S., 8 Farbtafeln, 4 Gra-
fiken, kart. ●●

Nahrungsmittelallergien
So ernähren Sie sich richtig!
(**0913**-5) Von Priv-Doz.Dr.med.Dr.med.habil.
J. von Mayenburg, Prof. Dr. med. Dr. phil. S.
Borelli, E. Polster, 136 S., kart. ●●

Diabetes
Krankheitsbild, Therapie, Kontrollen,
Schwangerschaft, Sport, Urlaub, Alltagspro-
bleme, Neueste Erkenntnisse der Diabetes-
forschung. (**0895**-3) Von Dr. med. H.J.
Krönke, 120 S., 4 Farbtafeln, 14 s/w-Fotos,
13 s/w-Zeichnungen, kart. ●

Rheuma und Gicht
Krankheitsbilder, Behandlung, Therapieverfahren, Selbstbehandlung. Richtige Lebensführung und Ernährung. (**0712**-4) Von Dr. J.
Höder, J. Bandick, 104 S., kart. ●

Asthma
Pseudokrupp, Bronchitis und Lungenemphy-
sem. (**0778**-7) Von Prof. Dr. med. W.
Schmidt, 120 S., 56 Zeichnungen, kart. ●

Krampfadern
Ursachen, Vorbeugung, Selbstbehandlung,
Therapieverfahren. (**0727**-2) Von Dr. med. K.
Steffens, 112 S., 38 Abb., kart. ●

Gallenleiden
Krankheitsbilder, Behandlung, Therapieverfahren, Selbstbehandlung. Richtige Lebensführung und Ernährung. (**0673**-X) Von Dr.
med. K. Steffens, 104 S., 34 Zeichnungen,
kart. ●

Arteriosklerose
Risikofaktoren/Vorbeugung/Therapie
Richtige Ernährung bei erhöhtem Choleste-
rinspiegel
(**1020**-6) Von Prof. Dr. med. G. Assmann, Dr.
troph. U. Wahrburg, 192 S., 84 farb. Abb.,
4 s/w-Zeichnungen, kartoniert. ●

Naturkosmetik
Die Grundlagen gesunder und natürlicher
Hautpflege
(**1080**-X) Von N. E. Haas, 120 S., 63 Farbabb.,
kartoniert. ●●

Gesundheit durch altbewährte Kräuter-
rezepte und Hausmittel aus der
Natur-Apotheke
(**4156**-X) Von G. Leibold, 236 S., 8 Farbtafeln, 100 Zeichnungen, kart. ●●

Heiltees und Kräuter für die Gesundheit
(**4123**-3) Von G. Leibold, 136 S., 15 Farbtafeln, 16 Zeichnungen, kart. ●●

Fastenkuren
Wege zur gesunden Lebensführung. Rezepte und Tips für die Nachfastenzeit. Kurzfasten · Saftfastenkuren · Fastenschalttage · Heilfasten. (4248-5) Von Ha. A. Mehler, H. Keppler, 144 S., 16 s/w-Fotos, 9 Zeichn., Pbd. ●●●

Die sanfte Art des Heilens
Homöopathie
Praktische Anwendung und Arzneimittellehre (4418-X) Von J. H. P. Kreuter, 216 S., 49 Zeichnungen, Pappband. ●●●

Massagetechniken und Heilanzeigen
Reflexzonentherapie
(4404-6) Von G. Leibold, 128 S., 53 Farbzeichnungen, Pappband. ●●●

Wetterfühligkeit
Vorbeugen und behandeln
Der Einfluß von Wetter und Klima auf Körper und Psyche (0998-4) Von Dipl.-Met. H. Trenkle, fachl. Beratung Prof. Dr. V. Faust, 120 S., 8 Farbtafeln, 31 zweifarbige Abbildungen und Tabellen, kartoniert. ●●

Heilatmen
Ein Weg zu Lebenskraft und innerer Harmonie
(1047-8) Von K. Schutt, 112 S., 57 zweifarbige Abb., kartoniert. ●●●

Bewährte Naturheilverfahren bei Asthma und Bronchitis
(1083-4) Von G. Leibold, 112 S., kartoniert. ●

Kneippkuren zu Hause
(0779-5) Von G. Leibold, 112 S., 25 Zeichnungen, kartoniert. ●

Entspannung und Schmerzlinderung durch Massage
(0750-7) Von B. Rumpler, K. Schutt, 112 S., 116 zweifarbige Zeichnungen, kart. ●

Besser sehen durch Augentraining
Ein Gesundheitsprogramm zur Verbesserung des Sehvermögens.
(0914-3) Von K. Schutt, B. Rumpler, 96 S., 32 s/w-Zeichnungen, kart. ●

Bewährte Naturheilverfahren bei Herz-Kreislauf-Erkrankungen
(1084-2) Von Dr. med. O. Wolff, G. Leibold, 104 S., kartoniert. ●

Krebsangst und Krebs behandeln
Mit einem Vorwort von Prof. Dr. med. Friedrich Douwes. (0839-2) Von G. Leibold, 104 S., kart. ●

Bewährte Naturheilverfahren bei Krebs
(1082-6) Hrsg. H.-R. Heiligtag, 88 S., kartoniert. ●

Hypnose und Autosuggestion
Methoden · Heilwirkungen · praktische Beispiele. (0483-4) Von G. Leibold, 120 S., 9 Illustrationen, kart. ●

Bewährte Naturheilverfahren bei Migräne und Schlafstörungen
(1081-8) Von G. Leibold, Dr. med. H. Chr. Scheiner, 112 S. kartoniert. ●

Gesunder Schlaf
Schlafstörungen ohne Medikamente erfolgreich behandeln
(1036-) Von D. H. Alke, 88 S., 22 s/w-Abb., mit Audiokassette, kartoniert. ●●●

Akupressur zur Eigenbehandlung
(0417-6) Von G. Leibold, 112 S., 78 Abb., kart. ●

Enzyme
Vitalstoffe für die Gesundheit
(0677-2) Von G. Leibold, 96 S., kart. ●

Fußsohlenmassage
Heilanzeigen · Technik · Selbsthilfe
(0714-0) Von G. Leibold, 96 S., 38 Zeichnungen, kart. ●

Rheuma behandeln und lindern
Mit einem Vorwort von Dr. med. Max-Otto-Bruker. (0836-8) Von G. Leibold, 96 S., kart. ●

Heilfasten
Entschlacken · Regenerieren · Abnehmen
(0713-2) Von G. Leibold, 96 S., kart. ●

Besser leben durch Fasten
(0841-4) Von G. Leibold, 96 S., kart. ●

Die echte Schroth-Kur
(0797-3) Von Dr. med. R. Schroth, 88 S., 2 s/w-Fotos, kart. ●

Allergien behandeln und lindern
Mit einem Vorwort von Prof. Dr. med. Axel Stemmann.
(0840-6) Von G. Leibold, 96 S., 4 Zeichnungen, kart. ●

Entspannung
(0834-) Von Dr. med. Chr. Schenk, 88 S., 29 Zeichnungen, kart. ●

Erfolg und Lebensfreude durch Autogenes Training und Psychokybernetik
(1035-4) Von D. H. Alke, 80 S., 2 s/w-Zeichnungen, mit Audiokassette, kartoniert. ●●●

Autogenes-Training
Anwendung · Heilwirkungen · Methoden
(0541-5) Von R. Faller, 112 S., 3 Zeichn., kart. ●

Chinesische Naturheilverfahren
Selbstbehandlung mit bewährten Methoden der physikalischen Therapie. Atemtherapie · Heilgymnastik · Selbstmassage · Vorbeugen · Behandeln · Entspannen.
(4247-7) Von F.T. Lie, 160 S., 292 zweifarbige Zeichnungen, Pappband. ●●●

Chinesisches Schattenboxen
Tai-Ji-Quan
für geistige und körperliche Harmonie
(0850-3) Von F. T. Lie, 120 S., 221 s/w-Fotos, 9 s/w-Zeichnungen, Beilage: 1 s/w-Poster mit zahlreichen Abbildungen, kart. ●●

Fit mit Tai Chi
als sanfte Körpererfahrung
(2305-7) Von B. und K. Moegling, 112 S., 121 Farbfotos, 6 Farbzeichnungen, kart. ●●

Yoga
Weg zur Harmonie
(4417-8) Von A. Harf, W. von Rohr, 176 S., 171 Farbfotos, 12 s/w-Zeichnungen, Pbd. ●●●●

Bauch, Taille und Hüfte gezielt formen durch Aktiv-Yoga
(0709-4) Von K. Zebroff, 112 S., 102 Farbfotos, kart. ●

Yoga für Jeden
(0341-2) Von K. Zebroff. 156 S., 135 Abb., Spiralbindung. ●●●

Yoga gegen Haltungsschäden und Rückenschmerzen
(0394-3) Von A. Raab, 104 S., 215 Abb., kart. ●

Chinesische Punktmassage
Akupressur
(4419-4) Von F.T. Lie, 192 S., 332 zweifarbige Abb., Pappband. ●●●

Shiatsu-Massage
Harmonisierung der Energieströme im Körper.
(0615-2) Von G. Leibold, 196 S., 180 Abb., kart. ●

Diät bei Darmkrankheiten
Durchfall · Divertikulose, Reizdarm und Darmträgheit · einheimische Sprue (Zöllakie) · Disaccharidasemangel · Dünndarmresektion · Dumping Syndrom. Rezeptteil von B. Zöllner. (3211-0) Von Prof. Dr. med. G. Strohmeyer, 88 S., 4 Farbtafeln, kart. ●●

Ballaststoffreiche Kost bei Funktionsstörungen des Darms
Rezeptteil von B. Zöllner.
(3212-9) Von Prof. Dr. med. H. Kasper, 96 S., 34 Farbfotos, 1 s/w-Foto, kart. ●●

Diät bei Krankheiten des Magens und Zwölffingerdarms
Rezeptteil von B. Zöllner, (3201-3) Von Prof. Dr. med. H. Kaess, 96 S., 35 Farbfotos, 1 s/w-Zeichnung, kart. ●●

Diät bei Krankheiten der Gallenblase, Leber und Bauchspeicheldrüse
Rezeptteil von B. Zöllner.
(3207-2) Von Prof. Dr. med. H. Kasper, 88 S., 35 Farbfotos, 1 s/w-Zeichnung, kart. ●●

Diät bei Übergewicht
Rezeptteil von B. Zöllner.
(3209-9) Von Prof. Dr. med. Ch. Keller, 104 S., 42 Farbfotos, 3 s/w-Zeichnungen, kart. ●●

Diät bei Gicht und Harnsäuresteinen
Rezeptteil von B. Zöllner.
(3205-6) Von Prof. Dr. med. N. Zöllner, ca. 100 S., ca. 40 Farbtafeln, kart. ●●

Diät bei Herzkrankheiten und Bluthochdruck
Rezeptteil von B. Zöllner.
(3202-1) Von Prof. Dr. med. H. Rottka, 92 S., 4 Farbtafeln, kart. ●●

Richtige Ernährung wenn man älter wird
Rezeptteil von B. Zöllner. (3204-8) Von Prof. Dr. med. H.-J. Pusch. 96 S., 36 Farbfotos und 3 s/w-Zeichnungen, kart. ●●

Diät bei Erkrankungen der Nieren, Harnwege und bei Dialysebehandlung
Rezeptteil von B. Zöllner. (3203-X) Von Prof. Dr. med. Dr. h. c. H. J. Sarre und Prof Dr. med. R. Kluthe, 96 S., 33 Farbfotos, 1 s/w-Zeichnung, kart. ●●

Diät bei Zuckerkrankheit
Rezeptteil von B. Zöllner. (3206-4) Von Prof. Dr. P. Dieterle, 112 S., 42 Farbfotos, 4 vierfarbige Vignetten, 1 s/w-Zeichnung, kart. ●●

Die aktuelle Colesterin-Tabelle
(1088-5) Hersg. von Dr. H. Oberritter, 84 S., 1 zweifarbige Grafiken, kartoniert. ●

Kochen für Diabetiker
Gesund und schmackhaft für die ganze Familie. (4132-2) Von M. Toeller, W. Schumacher, A. C. Groote, 224 S., 109 Farbfotos, 94 Zeichnungen, Pappband. ●●●

Neue Rezepte für Diabetiker-Diät
Vollwertig · abwechslungsreich · kalorienarm. (0418-4) Von M. Oehlrich, 96 S., 8 Farbtafeln, kart. ●

Diät bei Störungen des Fettstoffwechsels und zur Vorbeugung der Arteriosklerose
Rezeptteil von B. Zöllner. (3208-0) Von Prof. Dr. med. G. Wolfram. ca. 100 S., ca. 4 Farbfotos, kartoniert. ●●

Garten und Tiere

Garten heute
Der moderne Ratgeber · Über 1000 Farbbilder. (4283-3) Von H. Jantra, 384 S., über 1000 Farbbilder, Pappband. ●●●●

Blütenpracht in Haus und Garten
Der große praktische Ratgeber mit über 1000 farbigen Abb.
(4145-4) Von M. Haberer, u.a. 352 S., 1012 Farbfotos, Pbd. ●●●●

1000 ganz bewährte Garten-Tips
(4453-4) Von H. Jantra, 320 S., 288 zweifarbige und 62 s/w-Zeichnungen, Pappband. ●●●

Blütenpracht aus winterharten Blumen-zwiebeln
(0772-8) Von H. Lass, 112 S., 120 Farbfotos und Zeichnungen, kart. ●●

Erfolgstips für den Obstgarten
Gesunde Früchte durch richtige Sortenwahl und Pflege.
(0827-9) Von F. Mühl, 184 S., 16 Farbtafeln, 33 Zeichnungen, kart. ●●

Erfolgstips für den Gemüsegarten
Mit naturgemäßem Anbau zu höherem Ertrag. (0674-8) Von F. Mühl, 80 S., 30 s/w-Fotos, 4 Zeichnungen, kart. ●

Mischkultur im Nutzgarten
Mit Jahreskalender und Anbauplänen
(0651-9) Von H. Oppel, 112 S., 8 Farbtafeln, 23 s/w-Fotos, 29 Zeichnungen, kart. ●

Der richtige Schnitt von Obst- und Zier-gehölzen, Rosen und Hecken
(0619-5) Von E. Zettl, 88 S., 8 Farbtafeln, 39 Zeichnungen, 21 s/w-Fotos, kart. ●

Gesunde Zierpflanzen im Garten
Krankheiten erkennen und behandeln
Mit neuem Diagnose-System
(4429-1) Von Prof. Dr. G. Stelzer, 208 S., 456 Farbfotos, 5 s/w- und 5 Farbzeichnungen, Pappband. ●●●●

Erfolgstips für den Ziergarten
Schmuckpflanzen und Rasen richtig pflegen
(0930-5) Von F. Mühl, 156 S., 12 Farbtafeln, 26 s/w-Zeichnungen, kart. ●●

Erfolgreich gärtnern mit
Frühbeet und Folie
(0828-7) Von Dr. Gustav Schoser, 88 S., 8 Farbtafeln, 46 s/w-Fotos, kart. ●

Das Bio-Gartenjahr
Arbeitsplan für naturgemäßes Gärtnern
(4169-1) Von N. Jorek, 128 S., 8 Farbtafeln, 70 s/w-Abb., kart. ●●

Erfolgreich gärtnern
durch naturgemäßen Anbau
(4252-3) Von I. Gabriel, 416 S., 176 Farbfotos, 212 Farbzeichnungen, Pappband. ●●●

Leben im Naturgarten
Der Biogärtner und seine gesunde Umwelt
(4124-1) Von N. Jorek, 128 S., 68 s/w-Fotos, kart. ●●

Aktion Garten ohne Gift
Gesunde Umwelt durch natürlichen Pflanzenschutz
Ein Praxis-Handbuch von E. Hoplitschek u. B.M. Tegethoff. (4425-9) 176 S., 250 Farbfotos, 36 Farb- und 29 s/w-Zeichn., Pbd. ●●●●

So wird mein Garten zum Biogarten
Alles über die Umstellung auf naturgemäßen Anbau.
(0706-X) Von I. Gabriel, 128 S., 73 Farbfotos, 54 Farbzeichnungen, kart. ●●

Neuanlage eines Biogartens
Planung, Bodenvorbereitung, Gestaltung
(0721-3) Von I. Gabriel, 128 S., 73 Farbfotos, 39 Zeichnungen, kart. ●●

Gesunde Pflanzen im Biogarten
Biologische Maßnahmen bei Schädlingsbefall und Pflanzenkrankheiten.
(0707-1) Von I. Gabriel, 128 S., 126 Farbfotos, kart. ●●

Obst und Beeren im Biogarten
Gesunde und schmackhafte Früchte durch natürlichen Anbau (0780-9) Von I. Gabriel, 128 S., 109 Farbabb., kart. ●●

Gemüse im Biogarten
Gesunde Ernte durch natürlichen Anbau
(0830-9) Von I. Gabriel, 128 S., 26 Farbfotos, 86 Farbzeichnungen, kart. ●●

Kräuter und Heilpflanzen im Biogarten
Gesunde Ernte durch natürlichen Anbau
(0929-1) Von I. Gabriel, 112 S., 63 Farbfotos, 19 Farbzeichnungen, kart. ●●

Der biologische Zier- und Wohngarten
Planen, Vorbereiten, Bepflanzen und Pflegen
(0748-5) Von I. Gabriel, 128 S., 72 Farbfotos, 46 Farbzeichnungen, kart. ●●

Kosmische Einflüsse auf unsere Garten-pflanzen
Sterne beeinflussen Wachstum und Gesundheit der Pflanzen. (0708-6) Von I. Gabriel, 112 S., 100 Farbabb., kart. ●●

Natürlich gärtnern unter Glas und Folie
Anbauen und ernten rund ums Jahr.
(0722-1) Von I. Gabriel, 128 S., 107 Farbabb., kart. ●●

Speisepilze aus eigener Zucht
Anbau · Pflege · Zubereitung
(0909-7) Von U. Groos, 72 S., 8 Farbtafeln, 16 s/w-Zeichnungen, kart. ●

Dekorative Kübelpflanzen
Auswahl und Pflege
(1074-5) Von H. jantra, 112 S., ca. 180 Farbfotos, 35 Farbzeichnungen, kartoniert. ●●

Blütenpracht auf Balkon und Terrasse
(0928-3) Von M. Haberer, 88 S., 139 Farbfotos, kart. ●●

Gemüse, Kräuter, Obst aus dem Balkon-garten
- Erfolgreich ernten auf kleinstem Raum
(0694-2) Von S. Stein, 32 S., 34 Farbfotos, 6 Zeichnungen, Spiralbindung, kart. ●

Grabgestaltung
Bepflanzung und Pflege zu jeder Jahreszeit
(5120-4) Von N. Uhl, 64 S., 77 Farbfotos, 2 Zeichnungen, Pappband. ●●

Kleingärten
Planen · Anlegen · Pflegen
(1015-X) Von H. Jantra, 88 S., 123 Farbfotos, 1 s/w-Foto, 14 Farbzeichnungen, kart. ●●

Reihenhausgärten
Planen · Anlegen · Pflegen
(1016-8) Von H. Jantra, 104 S., 134 Farbfotos, 45 Farbzeichnungen, kart. ●●

Steingärten Wirkungsvoll gestalten und sachgerecht pflegen
(4452-6) Von A. Throll-Keller, 128 S., 203 Farbfotos, 56 Farbzeichnungen, Pappband. ●●●●

Gartenteiche, Tümpel und Weiher
naturnah anlegen und pflegen
(1073-7) Von Dr. F. Liedl, H. Goos, 80 S., ca. 60 Farbfotos, ca. 40 Farbzeichnungen, kartoniert. ●●

Wasser im Garten
Von der Vogeltränke zum Naturteich - Natürliche Lebensräume selbst gestalten.
(4230-2) Von H. Hendel, P. Keßeler, 240 S., 315 Farbabb., 11 s/w-Fotos, Pappband. ●●●●●

Mein kleiner Gartenteich
planen – anlegen – pflegen
(0851-1) Von I. Polascheck, 144 S., 108 Farbabb., 6 s/w-Zeichnungen, kart. ●●

Häuser in lebendigem Grün
Fassaden und Dächer mit Pflanzen gestalten
(0846-5) Von U. Mehl, K. Werk, 88 S., 116 Farbfotos, 4 Farb-und 17 s/w-Zeichn., kart. ●●

Wintergärten
Das Erlebnis, mit der Natur zu wohnen
Planen, Bauen und Gestalten.
(4256-6) Von LOG ID, 136 S., 130 Farbfotos, 107 Zeichnungen, Pappband. ●●●●

Rund ums Jahr erfolgreich gärtnern
Gewächshäuser
planen · bauen · einrichten · nutzen
(4408-9) Von Dr. G. Schoser, J. Wolff, 232 S., 368 Farbabb., 5 s/w-Zeichn., Pappband. ●●●●●

Ziergräser
Über 100 Arten erfolgreich kultivieren
(0829-5) Von H. Jantra, 104 S., 73 Farbfotos, 6 Farbzeichnungen, kart. ●●

Das moderne Handbuch **Zimmerpflanzen**
(4416-X) Von H. Jantra, 304 S., 766 Farbfotos, 64 Farb-und 19 s/w-Zeich., Pappband. ●●●●

365 Erfolgstips für schöne Zimmerpflanzen
(0893-7) Von H. Jantra, 144 S., 215 Farbfotos, kart. ●●

Prof. Stelzers grüne Sprechstunde
Gesunde Zimmerpflanzen
Krankheiten erkennen und behandeln ·
Mit neuem Diagnosesystem.
(4274-4) Von Prof. Dr. G. Stelzer, 192 S., 410 Farbfotos, 10 s/w-Zeichnungen, Pappband. ●●●●

Hydrokultur
Pflanzen ohne Erde - mühelos gepflegt
(0944-5) Von H.-A. Rotter, 144 S., 167 Farbfotos, 13 Farbzeichnungen, kart. ●●

Zimmerpflanzen in Hydrokultur
Leitfaden für problemlose Blumenpflege.
(0660-8) Von H.-A. Rotter, 32 S., 76 Farbfotos, 8 farbige Zeichn., Pappband. ●

Zimmerbäume, Palmen und andere Blattpflanzen
Standort, Pflege, Vermehrung, Schädlinge
(5111-5) Von G. Schoser, 96 S., 98 Farbfotos, 7 Zeichnungen, Pappband. ●●

Bonsai Japanische Miniaturbäume und Miniaturlandschaften. Anzucht, Gestaltung und Pflege.
(4091-1) Von B. Lesniewicz, 160 S., 106 Farbfotos, 46 s/w-Fotos, 23 Zeichnungen, gebunden. ●●●●●

Keime, Sprossen, Küchenkräuter
am Fenster ziehen - rund ums Jahr
(0658-6) Von F. und H. Jantzen, 32 S., 55 Farbfotos, Pappband. ●

Falken-Handbuch **Orchideen**
Lebensraum, Kultur, Anzucht und Pflege.
(4231-0) Von G. Schoser, 144 S., 121 Farbfotos, 28 Farbzeichnungen, Pappband. ●●●

Fibel für Kakteenfreunde
(0199-1) Von H. Herold, 102 S., 23 Farbfotos, 37 s/w-Abb., kart. ●

Kakteen und andere Sukkulenten
300 Arten mit über 500 Farbfotos.
(4116-0) Von G. Andersohn, 316 S., 520 Farbfotos, 193 Zeichnungen, Pappband. ●●●●

Grzimek Juniors **BUNTE TIERWELT**
(4295-7) Von Chr. Grzimek, 208 S., 308 Farbfotos, Pappband. ●●●

Falken-Handbuch **Hunde**
(4118-7) Von H. Bielfeld, 176 S., 222 Farb-und 73 s/w-Abb., Pappband. ●●●●

Das neue Hundebuch
Rassen · Aufzucht · Pflege
(0009-X) Von W. Busack, überarbeitet von Dr. med. vet. A. H. Hacker und H. Bielfeld, 112 S., 8 Farbt., 27 s/w-Fotos, 6 Zeichn., kart. ●

Hundeausbildung
Verhalten - Gehorsam - Ausbildung
(0346-3) Von Prof. Dr. R. Menzel, 88 S., 19 Fotos, kart. ●

Grundausbildung für Gebrauchshunde
Schäferhund, Boxer, Rottweiler, Dobermann, Riesenschnauzer, Airedaleterrier, Hovawart und Bouvier.
(0801-5) Von M. Schmidt und W. Koch, 104 S., 8 Farbtafeln, 51 s/w-Fotos, 3 s/w-Zeichnungen, kart. ●

Der Hund in der Familie
(1014-1) Von J. Werner, 128 S., 106 Farbfotos, kartoniert. ●●

Der Deutsche Schäferhund
Aufzucht, Pflege und Ausbildung.
(0073-1) Von A. Hacker, 104 S., 56 Abb., kart. ●

Alles über junge Hunde
(0863-5) Von Dr. med. vet. E.M. Bartenschlager, 64 S., 49 Farbfotos, 6 Zeichnungen, kart. ●

Richtige Hundeernährung
(0811-2) Von Dr. med. vet. E.M. Bartenschlager, 80 S., 51 Farbfotos, 4 Farbzeichn., kart. ●

Hundekrankheiten
(1077-X) Von Dr. med. vet. R. Spangenberg, 96 S., 44 Farb- und 1 s/w-Foto, 22 Farbzeichnungen, kartoniert. ●●

Falken-Handbuch Katzen
(4158-6) Von B. Gerber, 294 S., 294 Farb- und 88 s/w-Fotos, Pappband. ●●●●

Das neue Katzenbuch
Rassen · Aufzucht · Pflege.
(0427-3) Von B. Eilert-Overbeck, 120 S., 14 Farbfotos, 26 s/w-Fotos, kart. ●

Junge Katzen
(0862-7) Von Dr. med. vet. E.M. Bartenschlager, 72 S., 40 Farbf., 4 Farbzeichn., kart. ●

Falken-Handbuch Pferde
(4186-1) Von H. Werner, 176 S., 196 Farb- und 50 s/w-Fotos, 100 Zeichn., Pappband. ●●●●

Reiten im Bild
(0415-X) Von H. Werner, 128 S., 142 Farbfotos, 107 Farbzeichng., kartoniert. ●●

Der Hobby-Imker
(0978-X) Von Dr. R.F.A. Moritz, 144 S., 106 zweifarbige Zeichnungen, kart. ●●

Geflügelhaltung als Hobby
(0749-3) Von M. Baumeister, H. Meyer, 184 S., 8 Farbtafeln, 47 s/w-Fotos, 15 zweif. Zeichnungen, kart. ●●

Sittiche und kleine Papageien
(0864-3) Von Dr. med. vet. E.M. Bartenschlager, 88 S., 84 Farbfotos, 9 Zeichnungen, kart. ●

Alles über Kanarienvögel
(0901-1) Von H. Schnoor, 64 S., 58 Farbfotos und Zeichnungen, kartoniert. ●

Die Tiersprechstunde
Artgerechte Vogelfütterung im Winter
(0908-9) Von Dr. W. Keil, 64 S., 51 Farbfotos und Zeichnungen, kartoniert. ●

Papageien und Sittiche
Arten · Pflege · Sprechunterricht
(0591-1) Von H. Bielfeld, 112 S., 8 Farbtafeln, kart. ●

Süßwasser-Aquarium
(4191-8) Von H.J. Mayland, 288 S., 564 Farbfotos, 75 Zeichnungen, Pappband. ●●●●

Das Süßwasser-Aquarium
Einrichtung · Pflege · Fische · Pflanzen
(0153-3) Von H. J. Mayland, 152 S., 16 Farbtafeln, 43 s/w-Zeichnungen, kart. ●●

Die Tiersprechstunde
Gesunde Fische im Süßwasseraquarium
(1013-3) Von H. J. Mayland, 96 S., 73 Farbfotos, 10 Zeichng., kartoniert. ●

Tiere im Wassergarten
(0808-2) Von Dr. med. vet. E.M. Bartenschlager, 96 S., 84 Farbf., 7 Zeichn., kart. ●

Die Tiersprechstunde
Alles über Zwerg- und Goldhamster
(1012-5) Von M. Mettler, 96 S., 96 Farbfotos, kartoniert. ●

Alles über Meerschweinchen
(0809-0) Von Dr. med. vet. E.M. Bartenschlager, 72 S., 43 Farbf., 11 Farbzeichn., kart. ●

Alle über Igel in Natur und Haus
(0810-4) Von Dr. med. vet. E.M. Bartenschlager, 68 S., 51 Farbfotos, kart. ●

Falken-Handbuch Umweltschutz
Das Öko-Testbuch zur Eigeninitiative.
(4160-8) Von M. Häfner, 352 S., 411 Farbf., 152 Farbzeichnungen, Pappband. ●●●●

Rat und Wissen

Traumreisen
Unterwegs auf den schönsten Straßen der Welt
(4468-2) Von T. Pehle, 192 S., 312 Farbfotos, 12 Übersichtskarten, Pappband. ●●●●

Vom Morgenland ins Reich der Abendgöttin
Lebensbilder aus dem Nahen und Fernen Osten
(4449-6) Von J. Schneider, H. Schoen, 160 S., 266 Farbfotos, 1 farbige Karte, Pappband. ●●●●

Keinen Mann um jeden Preis
Das neue Selbstverständnis der Frau in der Partnerbeziehung
(4440-2) Von Shere Hite, Kate Colleran, 208 S., Pappband. ●●●

Haushaltstips praktisch und umweltfreundlich
(1046-X) Von K. Winkell, 96 S., 36 Zeichnungen, kartoniert. ●

Umgangsformen heute
Die Empfehlungen des Fachausschusses für Umgangsformen (4015-6) 252 S., 108 s/w-Fotos, 17 Zeichnungen, Pappband. ●●●

Benehmen bei Tisch
(0988-7) Von I. Cording, 80 S., 90 Farbfotos, 5 s/w-Zeichnungen, kart. ●●

Der gute Ton
in Gesellschaft und Beruf
(0063-4) Von I. Wolter, 80 S., 42 s/w-Fotos, 7 Zeichnungen, kartoniert. ●

Familienforschung · Ahnentafel · Wappenkunde
Wege zur eigenen Familienchronik
(0744-2) Von P. Bahn, 128 S., 8 Farbtafeln, 30 Abbildungen, kart. ●●

Wie soll es heißen?
(0211-4) Von D. Köhr, 136 S., kart. ●

Die Silberhochzeit
Vorbereitung · Einladung · Geschenkvorschläge · Dekoration · Festablauf · Menüs · Reden · Glückwünsche (0542-3) Von K.F. Merkle, 112 S., 41 Zeichnungen, kart. ●

Wir feiern Hochzeit
Phantasievolle und moderne Festgestaltung
(0943-7) Von H.J. Winkler, 112 S., kart. ●

Wir heiraten
Ratgeber zur Vorbereitung und Festgestaltung der Verlobung und Hochzeit. (4188-8) Von C. Poensgen, 216 S., 8 s/w-Fotos, 30 s/w-Zeichn., 8 Farbt., Pappband. ●●●

Von der Verlobung zur Goldenen Hochzeit
(0393-5) Von E. Ruge, 112 S., kart. ●

Hochzeits- und Bierzeitungen
Muster, Tips und Anregungen (0288-2) Von H.-J. Winkler, mit vielen Text- und Gestaltungsanregungen, 116 S., 15 Abb., 1 Musterzeitung, kart. ●

Moderne Korrespondenz
Handbuch für erfolgreiche Briefe
(4014-8) Von H. Kirst und W. Manekeller, 544 S., Pappband. ●●●●

Der richtige Brief
zu jedem Anlaß
Das moderne Handbuch mit 400 Musterbriefen
(4179-9) Von H. Kirst, 376 S., Pappband. ●●●

Musterbriefe
für alle Gelegenheiten. (0231-9) Hrsg. von O. Fuhrmann, 240 S., kart. ●●

Privatbriefe
Muster für alle Gelegenheiten. (0114-2) Von I. Wolter-Rosendorf, 112 S., kart. ●

Der neue Briefsteller
Musterbriefe für alle Gelegenheiten.
(0060-X) Von I. Wolter-Rosendorf, 96 S., kart. ●

Erfolgstips für den Schriftverkehr
Briefgestaltung · Rechtschreibung · Zeichensetzung · Stil. (0678-0) Von U. Schoenwald, 112 S., kart. ●

Geschäftliche Briefe
des Privatmanns, Handwerkers, Kaufmanns
(0041-3) Von A. Römer, 124 S., kart.●

Behördenkorrespondenz
Musterbriefe · Anträge · Einsprüche
(0412-5) Von E. Ruge, 112 S., kart.●

FALKEN-Software
TEXAD
Das komfortable Korrespondenzprogramm für den privaten und geschäftlichen Bereich
(7017-9) 2 Disketten für IBM-PC + Kompatible, 5 1/4'', mit Begleitheft, Einführungspreis: DM 198,–*, S 1980,–*, SFr 193,30 bis 11. 10. 1990, danach DM 258,–*, S 2580,–*, SFr 251,70.
(7048-9) Diskette 3 1/2'', mit Handbuch. ●●●●●*

(7049-7) Demo-Version 5 1/4'', o. Handbuch. ●●*

(7050-0) Demo-Version 3 1/2'', o. Handbuch. ●●*

Worte und Briefe der Anteilnahme
(0464-8) Von E. Ruge, 96 S., mit vielen Abb., kart.●

Briefe zu Geburt und Taufe
Glückwünsche und Danksagungen. (0802-3) Von H. Beitz, 96 S., 12 Zeichnungen, kart. ●

Briefe zum Geburtstag
Glückwünsche und Danksagungen (0822-8) Von H. Beitz, 104 S., 22 Zeichnungen, kart. ●

Briefe der Liebe
Anregungen für gefühlvolle und zärtliche Worte. (0903-8) Hrsg. von H. Beitz, 96 S., 4 Zeichnungen, kart. ●

Briefe zur Hochzeit
Glückwünsche und Danksagungen.
(0852-X) Von R. Röngen, 96 S., 1 Zeichnung, 39 Vignetten, kart. ●

Reden und Ansprachen
für jeden Anlaß (4009-1) Hrsg. von F. Sicker, 454 S., gebunden. ●●●●

Die Kunst der freien Rede
Ein Intensivkurs mit vielen Übungen, Beispielen und Lösungen.
(4189-6) Von G. Hirsch, 232 S., 11 Zeichnungen, Pappband. ●●●

Die überzeugende Rede
Mehr Erfolg durch bessere Rhetorik
(0076-6) Von E. Wolter, G. Kunz, 96 S., kart. ●

Festreden und Vereinsreden
Muster für alle Gelegenheiten
(0069-3) Von K. Lehnhoff, E. Ruge, 96 S., kart. ●

Trinksprüche, Gästebuchverse, Richtsprüche
(0224-6) Von D. Kellermann, 96 S., kart. ●

Trinksprüche
Fest- und Damenreden in Reimen
(0791-4) Von I. Metzner, 96 S., 14 s/w-Zeichnungen, kart. ●

Glückwünsche, Toasts und Festreden zur Hochzeit
(0264-5) Von I. Wolter, 96 S., 18 Zeichnungen, kart. ●

Reden zur Taufe, Kommunion und Konfirmation
(0751-5) Von G. Georg, 96 S., kart. ●

Reden zur Hochzeit
Musteransprachen für Hochzeitstage
(0654-3) Von G. Georg, 112 S., kart. ●

Reden zu Familienfesten
Musteransprachen für viele Gelegenheiten
(**0675**-6) Von G. Georg, 112 S., kart. ●

Reden zum Geburtstag
Musteransprachen für familiäre und offizielle
Anlässe. (**0773**-6) Von G. Georg, 96 S., kart.
●

Reden im Verein
Musteransprachen für viele Gelegenheiten
(**0703**-5) Von G. Georg, 112 S., kart. ●

Reden zum Jubiläum
Musteransprachen für viele Gelegenheiten
(**0595**-4) Von G. Georg, 112 S., kart. ●

**Reden und Sprüche zu Grundstein-
legung, Richtfest und Einzug**
(**0598**-0) Von A. Bruder, G. Georg, 96 S.,
kart. ●

Reden zum Ruhestand
Musteransprachen zum Abschluß des Berufs-
lebens (**0790**-6) Von G. Georg, 104 S., kart.
●

Neue Glückwunschfibel
für groß und klein. (**0156**-8) Von R. Christian-
Hildebrandt, 96 S., 13 Vignetten, kart. ●

Großes Buch der Glückwünsche
(**0255**-6) Hrsg. von O. Fuhrmann, 176 S.,
77 Zeichnungen und viele Gestaltungsvorschläge, kart. ●●

Herzliche Glückwünsche!
Die schönsten Gedichte und Texte für viele
Gelegenheiten. (**0942**-9) Hrsg. Von B.H. Bull,
256 S., 50 Zeichnungen, Pappband. ●●

Der Verseschmied
Kleiner Leitfaden für Hobbydichter. Mit
Reimlexikon. (**0597**-0) Von T. Parisius, 96 S.,
28 Zeichnungen, kart. ●

Verse fürs Poesiealbum
(**0241**-6) Von I. Wolter, 96 S., 20 Abb., kart. ●

Rosen, Tulpen, Nelken…
Beliebte Verse fürs Poesiealbum
(**0431**-1) Von W. Pröve, 96 S., 11 Faksimile-
Abb., kart. ●

**Kindergedichte zur grünen, silbernen
und goldenen Hochzeit**
(**0318**-6) Von H.-J. Winkler, 104 S., 20 Abb.,
kart. ●

Glückwunschverse für Kinder
(**0277**-7) Von B. Ulrici, 80 S., kart. ●

Kindergedichte für Familienfeste
(**0860**-0) Von B.H. Bull, 96 S., 20 Zeichnungen, kart. ●

Kindergedichte rund ums Jahr
(**1040**-0) Von A. Schweiggert, 80 S., 49
Zeichnungen, 6 Vignetten, kartoniert. ●

Ins Gästebuch geschrieben
(**0576**-8) Von K.H. Trabeck, 96 S., 24 Zeichnungen, kart. ●

**Die schönsten Wander- und
Fahrtenlieder**
(**0462**-1) Hrsg. Von F.R. Miller, empfohlen
vom Deutschen Sängerbund, 80 S., mit
Noten und Zeichnungen, kart. ●

Die schönsten Volkslieder
(**0432**-X) Hrsg. Von D. Walther, 128 S., mit
Noten und Zeichnungen, kart. ●

**Erziehungsgeld, Mutterschutz,
Erziehungsurlaub**
Das neue Recht für Eltern
(**0835**-X) Von J. Grönert, 144 S., kart. ●

Liebe ja – Ehe nein
Die nichteheliche Lebensgemeinschaft
(**1071**-X) Von T. Drewes, 104 S., 8 s/w-Zeich-
nungen, kartoniert. ●

Scheidung und Unterhalt
nach dem neuen Eherecht. (**0403**-6) Von T.
Drewes, 112 S., mit Kosten und Unterhalts-
tabellen, kart. ●

Was heißt hier minderjährig?
(**0765**-5) Von R. Rathgeber, C. Rummel, 148
S., 50 Fotos, 25 Zeichnungen, kart. ●●

Testament und Erbschaft
Erbfolge, Rechte und Pflichten der Erben,
Erbschafts-und Schenkungssteuer, Muster-
testamente. (**4139**-X) Von T. Drewes, R. Hol-
lender, 304 S., Pappband. ●●●

Erbrecht und Testament
Mit Erläuterungen des Erbschaftssteuer-
gesetzes von 1974. (**0046**-4) Von Dr. jur. H.
Wandrey, 124 S., kart. ●

Der letzte Wille
Ratgeber für Erblasser, Erben und Hinterbliebene in Rechts-, Versorgungs- und Steu-
erfragen
(**0939**-9) Von T. Drewes, 136 S., 9 s/w-Zeich-
nungen, kart. ●●

Mietrecht
Leitfaden für Mieter und Vermieter
(**0479**-6) Von J. Beuthner, 196 S., kart. ●●

Präzise Ratschläge für **Ihre optimale Rente**
Vorbereitung · Berechnungsgrundlagen · Ge-
setzesänderungen · Individuelle Rechenbei-
spiele. (**0806**-6) Von K. Möcks, 96 S., 24 Formulare, 1 Graphik, kart. ●

Das große farbige Kinderlexikon
(**4195**-0) Von U. Kopp, 320 S., 493 Farbabb.
17 s/w-Fotos, Pappband. ●●●

Gitarre spielen
Ein Grundkurs für den Selbstunterricht
(**0534**-2) Von A. Roßmann, 96 S., 1 Schallfo-
lie, 150 Zeichnungen, kart. ●●●

So lernt man leicht und schnell
Maschinenschreiben
Lehrbuch für Schulen, Lehrgänge und Selbstunterricht. (**0568**-7) Von M. Kempkes, 112 S.,
48 Zeichnungen, kart. ●●

FALKEN-Software
Maschinenschreiben
In 10 Tagen spielend gelernt. Von Unterichts-
medien Hoppius. (**7008**-X) Diskette für den
C 64 und C 128 PC ●●●●*

FALKEN-Software
**Maschinenschreiben und Tastatur-
training für Computer**
(**7009**-8) Von B. Hoppius, Diskette 5 1/4'' u.
3 1/2'' für IBM PC + Kompatible, mit Begleitheft. ●●●●●*

Maschinenschreiben im Selbstunterricht
(**0170**-3) Von A. Fonfara, 88 S., kart. ●

Buchführung leicht gemacht
Ein methodischer Grundkurs für den Selbst-
unterricht. (**4238**-8) Von D. Machenheimer,
R. Kersten, 252 S., Pappband. ●●

Buchführung leicht gefaßt
Für Handwerker, Gewerbetreibende und frei-
berufliche Tätige. (**0127**-4) Von R. Pohl. 104
S., kart. ●

Stenografie leicht gelernt
im Kursus oder Selbstunterricht
(**0266**-1) Von H. Kaus, 64 S., kart. ●

**Erfolgreiche Bewerbung um einen Aus-
bildungsplatz**
(**0715**-9) Von H. Friedrich, 128 S., kart. ●

Bewerbungsstrategien
Erfolgreiche Konzepte für Karrierebewußte
(**1027**-3) Von Dr. W. Reichel, 128 S., kartoniert. ●

Die Bewerbung
Der moderne Ratgeber für Bewerbungsbriefe, Lebenslauf und Vorstellungsgespräche. (**4138**-1) Von W. Manekeller, 264 S.,
Pappband. ●●

Lebenslauf und Bewerbung
Beispiele für Inhalt, Form und Aufbau
(**0428**-1) Von H. Friedrich, 112 S., kart. ●

Die erfolgreiche Bewerbung
Bewerbung und Vorstellung. (**0173**-8) Von W.
Manekeller, U. Schoenwald, 144 S., kart. ●●

**Erfolgreiche Bewerbungsbriefe und
Bewerbungsformen**
(**0138**-X) Von W. Manekeller, U. Schoenwald,
88 S., kart. ●

Die Handschrift als Spiegel des Charakters
Graphologie
(**1025**-7) Von Dr. W. Busch, 104 S., 87 Schrift-
proben, kartoniert. ●

Vorstellungsgespräche
sicher und erfolgreich führen. (**0636**-5) Von
H. Friedrich, 144 S., kart. ●

Keine Angst vor Einstellungstests
Ein Ratgeber für Bewerber. (**0793**-6) Von Ch.
Titze. 120 S., 67 Zeichnungen, kart. ●

FALKEN-Software
Einstellungstests
(**7013**-6) Von B. Hoppius, Wendediskette für
C 64/C 128 PC, mit Begleitheft, ●●●●*

Die ersten Tage am neuen Arbeitsplatz
Ratschläge für den richtigen Umgang mit
Kollegen und Vorgesetzten
(**0855**-4) Von H. Friedrich, 104 S., kart. ●

Zeugnisse im Beruf
richtig schreiben, richtig verstehen
(**0544**-X) Von H. Friedrich, 112 S., kart. ●

So werde ich erfolgreich
Ratschläge und Tips für Beruf und Privat-
leben. (**0918**-6) Von H. Hans, 104 S., kart.
●●

Wege zum Börsenerfolg
Aktien · Anleihen · Optionen
(**4275**-2) Von H. Krause, 252 S., 4 s/w-Fotos,
86 Zeichnungen, Pappband. ●●●

FALKEN-Software
Börsenfieber
Spielend spekulieren mit Geld und Aktien
(**7016**-0) IBM PC und Kompatible, Diskette
5 1/4'', mit Begleitheft, ●●●●●*

Konvertierungen:
(**7026**-8) für C 64/C 128 PC, mit Begleitheft
(**7027**-6) für Atari ST 520/1040, mit Begleitheft
(**7028**-4) für Amiga, mit Begleitheft
(**7044**-6) für IBM PC + Kompatible, Diskette
3 1/2'', mit Begleitheft

Schülerlexikon der Mathematik
Formeln, Übungen und Begriffserklärungen
für die Klassen 5–10. (**0430**-3) Von R. Müller, 176 S., 96 Zeichnungen, kart. ●

Mathematik verständlich
Zahlenbereiche Mengenlehre, Algebra,
Geometrie, Wahrscheinlichkeitsrechnung,
Kaufmännisches Rechnen. (**4135**-7) Von
R. Müller, 652 S., 10 s/w- und 109 Farbfotos,
802 Farbabb. und 79 s/w-Zeichnungen, über
2500 Beispiele und Übungen mit Lösungen,
Pappband. ●●●●●

Mehr Erfolg in der Schule **Mathematik 1**
Arithmetik und Algebra
Übungen, Beispiele und Lösungen für die
Klasse 5 bis 10
(**4420**-8) Von R. Müller-Fonfara, 256 S.,
193 Zeichn., 2 s/w-Fotos, Pappband. ●●●

Mathematik 2
Geometrie, Statistik, Wahrscheinlichkeitsrechnung und kaufmännisches Rechen
(**4456**-9) Von R. Müller-Fonfara, W. Scholl,
256 S., 6 s/w-Fotos, 304 Zeichnungen, Pappband. ●●●

**Mathematische Formeln für Schule und
Beruf**
Mit Beispielen und Erklärungen. (**0499**-0)
Von R. Müller-Fonfara, 156 S., 210 Zeichnun-
gen, kart. ●

Rechnen aufgefrischt für Schule und Beruf.
(**0100**-0) Von H. Rausch, 144 S., kart. ●

FALKEN-Software
Wirtschaftsrechnen in Beruf und Alltag
(**7037**-3) Diskette für IBM-PC und Kompatible, mit Begleitheft. ●●●●●*

Physik verständlich
Förderkurs für die Klassen 7 bis 10
(0926-7) Von Dr. Th. Neubert, 136 S., 146
s/w-Zeichnungen, 166 Aufgaben, kart. ●●

Richtige Groß- und Kleinschreibung
durch neue, vereinfachte Regeln. Erläuterungen der Zweifelsfragen anhand vieler
Beispiele. (0897-X) Von Prof. Dr. Ch. Stetter,
96 S., kart. ●

Gutes Deutsch schreiben und sprechen
(4432-1) Von W. Manekeller, Dr. G. Reinert-Schneider, 416 S., durchgehend zweifarbig,
Pappband. ●●●●

Deutsche Grammatik
Ein Lern- und Übungsbuch. (0704-3) Von K.
Schreiner, 112 S., kart. ●

Mehr Erfolg in der Schule
**Deutsche Rechtschreibung und
Grammatik**
Übungen und Beispiele für die Klassen 5–10.
(4407-0) Von K. Schreiner, 256 S., durchgehend zweifarbig, Pappband. ●●●

Richtiges Deutsch
Rechtschreibung · Zeichensetzung · Grammatik · Stilkunde. (0551-2) Von K. Schreiner,
128 S., 7 Zeichnungen, kart. ●

Mehr Erfolg in der Schule
Der Deutschaufsatz
Übungen und Beispiele für die Klassen 5–10.
(4271-X) Von K. Schreiner, 240 S., 4
s/w-Fotos, 51 Zeichnungen, Pappband. ●●●

Aufsätze besser schreiben
Förderkurs für die Klassen 4–10. (0429-X)
Von K. Schreiner, 144 S., 2 s/w-Fotos, 27
Zeichnungen, kart. ●●

Mehr Erfolg in Schule und Beruf
Besseres Deutsch
Mit Übungen und Beispielen für Rechtschreibung, Diktate, Zeichensetzung, Aufsätze,
Grammatik, Literaturbetrachtung, Stil, Briefe,
Fremdwörter, Reden. (4115-2) Von K. Schreiner, 444 S., 7 s/w-Fotos, 27 Zeichnungen,
Pappband. ●●●

Richtige Zeichensetzung
durch neue, vereinfachte Regeln. Erläuterungen der Zweifelsfragen anhand vieler
Beispiele. (0744-4) Von Prof. Dr. Ch. Stetter,
160 S., kart. ●

Diktate besser schreiben
Übungen zur Rechtschreibung für die Klasse
4–8. (0469-X) Von K. Schreiner, 152 S.,
31 Zeichnungen, kart. ●

Besseres Englisch
Grammatik und Übungen für die Klassen
5 bis 10. (0745-0) Von E. Henrichs, 144 S.,
kart. ●●

Mehr Erfolg in der Schule
Englische Grammatik
Regeln und Übungen für die Klassen 5 bis 13
(4431-3) Von E. Heinrichs-Kleinen, 256 S.,
durchgehend zweifarbig, Pappband. ●●●

FALKEN-Software
The Grammar-Master
Englische Grammatik üben und beherrschen
(7002-0) Diskette für den C 64/C 128 PC
●●●●*

Konvertierungen:
(7030-6) Diskette für IBM PC + Kompatible,
mit Begleitheft. ●●●●●*
(7031-4) Diskette für Atari ST 520/1040, mit
Begleitheft. ●●●●●*
(7032-2) Diskette für Amiga, mit Begleitheft.
●●●●●*

FALKEN-Software
Take a Trip to Britain
(7004-7) Von reLine, Diskette für C 64/C 128
PC, mit Begleitheft. ●●●●*

Konvertierungen:
(7039-X) Diskette 5 1/4'' für IBM PC + Kompatible, mit Begleitheft. ●●●●●*

FALKEN-Software
Vokabeltrainer Englisch
Von B. Hoppius. (7001-2) 2 Disketten für
C 64/C 128 PC, mit Begleitheft. ●●●●●*
(7007-1) Wendediskette für Atari ST
520/1040, mit Begleitheft. ●●●●●*

FALKEN-Software
Vokabel Trainer Französisch
Über 2000 Vokabeln und Redewendungen
(7018-7) Systemdiskette u. Wendediskette
für C 64/C 128 PC, mit Begleitheft,
(7019-5) Diskette für IBM-PC und Komp., mit
Begleitheft. ●●●●●

FALKEN-Software
Bon voyage
Spielend Französisch lernen mit dem Computer
(7036-5) Diskette für IBM PC + Kompatible,
mit Begleitheft. ●●●●●*

Konvertierungen:
(7042-X) Diskette für Atari ST 520/1040, mit
Begleitheft. ●●●●●*
(7043-8) Diskette für Amiga, mit Begleitheft.
●●●●●*

FALKEN-Software
Vokabel Trainer Latein
(7022-5) Von B. Hoppius, Wendediskette für
C 64/C 128 PC, mit Begleitheft. ●●●●●

Konvertierungen:
(7033-0) Diskette für IBM PC + Kompatible,
mit Begleitheft. ●●●●●*

Schnell und sicher zum Führerschein
Tips und Tricks aus 30jähriger-Fahrschul-Praxis. (0921-6) Von O. Einert, 152 S., 156
Farbfotos, 161 z.T. farb. Zeichnungen, kart.
●●

FALKEN-Software
Schnell und sicher zum Führerschein
Intensivtraining mit dem amtlichen Fragenkatalog
(7011-X) Diskette für C 64/C 128 PC, mit
Begleitheft und Fragenkatalog. ●●●●●*

Konvertierungen:
(7024-1) Diskette für Atari ST 520/1040, mit
Begleitheft. ●●●●●*
(7029-2) Diskette für Amiga, mit Begleitheft.
●●●●●*

Die neue Lebenshilfe **Biorhythmik**
Höhen und Tiefen der persönlichen Lebenskurven vorausberechnen und danach handeln. (0458-3) Von W. A. Appel, 157 S.,
63 Zeichnungen, Pappband. ●●●

Wie Sie im Schlaf das Leben meistern
Schöpferisch träumen
Der Klartraum als Lebenshilfe
(4258-2) Von Prof. D. P. Tholey, K. Utecht.
280 S., 1 s/w-Foto, 20 Zeichn., Pbd. ●●●

Falken-Handbuch **Astrologie**
Charakterkunde · Schicksal · Liebe und Beruf
Berechnung und Deutung von Horoskopen ·
Aszendententabelle. (4068-7) Von B.A. Mertz,
342 S., mit 60 erläuternden Grafiken,
Pappband. ●●●

Wahrsagen mit Tarot-Karten
(0482-6) Von E.J. Nigg, 112 S., 4 Farbtafeln,
52 s/w-Abb., Pappband. ●●●

Selbst wahrsagen mit Karten
Die Zukunft in Liebe, Beruf und Finanzen
(0404-4) Von R. Koch, 80 S., 252 Abb.,
Pappband. ●

Die 12 Tierzeichen
Chinesisches Horoskop
(0423-0) Von G. Haddenbach, 128 S., Pappb.
●

Die 12 Sternzeichen
Charakter, Liebe und Schicksal. (0385-4)
Von G. Haddenbach, 136 S., kart. ●

Partnerschaftshoroskop
Glück und Harmonie mit Ihrem Traumpartner. (0587-3) Von G. Haddenbach, 112 S.,
11 Zeichnungen, kart. ●

Sternstunden
für Liebe, Glück und Geld, Berufserfolg und
Gesundheit. Das ganz persönliche Mitbringsel für **Widder** (0621-7), **Stier** (0622-5),
Zwillinge (0623-3), **Krebs** (0624-1), **Löwe**
(0625-7), **Jungfrau** (0626-8), **Waage**
(0627-6), **Skorpion** (0628-4), **Schütze**
(0629-2), **Steinbock** (0630-6), **Wassermann** (0631-4), **Fische** (0632-2) Von L. Cancer, 62 S., durchgehend farbig, Zeichnungen, Pappband. ●

Im Zeichen der Sterne
(0951-8) Der feurige Widder
(0952-6) Der willensstarke Stier
(0953-4) Die vielseitigen Zwillinge
(0954-2) Der feinfühlige Krebs
(0955-0) Der königliche Löwe
(0956-9) Die zuverlässige Jungfrau
(0957-7) Die charmante Waage
(0958-5) Der leidenschaftliche Skorpion
(0959-3) Der temperamentvolle Schütze
(0960-7) Der treue Steinbock
(0961-5) Der selbstbewußte Wassermann
(0962-3) Die romantischen Fische
Von G. Haddenbach, 64 S., 35 Farbfotos,
Pappband. ●

Humor und Unterhaltung

Heitere Vorträge
(0528-8) Von E. Müller, 128 S., 14 Zeichnungen, kart. ●

So feiert man Feste fröhlicher
Heitere Vorträge und Gedichte
(0098-7) Von Dr. Allos, 96 S., 15 Abb., kart. ●

Heitere Vorträge und witzige Reden
Lachen, Witz und gute Laune
(0149-5) Von E. Müller, 104 S., 44 Abb., kart. ●

Lustige Vorträge für fröhliche Feiern
(0284-X) Von K. Lehnhoff, 96 S., kart. ●

Da lacht das Publikum
Neue lustige Vorträge für viele Gelegenheiten. (0716-7) Von H. Schmalenbach, 96 S.,
kart. ●

Humor und Stimmung
Ein heiteres Vortragsbuch
(0460-5) Von G. Wagner, 112 S., kart. ●

Gereimte Vorträge
für Bühne und Bütt. (0567-9) Von G. Wagner,
96 S., kart. ●

Narren in der Bütt
Leckerbissen aus dem rheinischen Karneval
(0216-5) Zusammengestellt von T. Lücker,
112 S., kart. ●

Damen in der Bütt
Scherze, Gedichte, Sketche
(0354-4) Von T. Müller, 136 S., kart. ●

Rings um den Karneval
Karnevalsscherze und Büttenreden
(0130-4) Von Dr. Allos, 144 S., 2 Zeichnungen, kart. ●

Wir feiern Karneval
Festgestaltung und Reden für die närrische
Zeit. (0904-6) Von M. Zweigler, 120 S., 7
Zeichnungen, kart. ●

Helau und Alaaf 1 Närrisches aus der Bütt
(0304-8) Von E. Müller, 112 S., 4 Zeichnungen, kart. ●

Helau und Alaaf 2
Neue Büttenreden für Sie und Ihn
(0477-X) Von E. Luft, 96 S., kart. ●

Helau und Alaaf 3
Neue Reden für die Bütt. **(0832**-5) Von H.
Fauser, 112 S., 13 Zeichnungen, kart. ●
Helau und Alaaf 4
Neue Büttenreden für Sie und Ihn
(0983-6) Hrsg. H. Fauser, 96 S., 15 s/w-
Zeichn., zahlreiche Vignetten, kart. ●
Locker vom Hocker
Witzige Sketche zum Nachspielen
(4262-0) Von W. Giller, 144 S., 41 Zeichnun-
gen, Pappband. ●●
Sketche und Blackouts zum Nachspielen
(0941-0) Von E. Cohrs, 112 S., 12 Zeichnun-
gen, kart. ●
Sketche und spielbare Witze
für bunte Abende und andere Feste.
(0445-1) Von H. Friedrich, 112 S., 7 Zeichnungen, kart. ●
Sketche
Kurzspiele zu amüsanter Unterhaltung.
(0247-5) Von M. Gering, 96 S., 4 s/w-Zeich-
nungen, kart., ●
Vorhang auf!
Neue Sketche für jung und alt.
(0898-8) Von H. Pillau, 96 S., 22 Zeichnungen, kart. ●
Witzige Sketche zum Nachspielen
(0511-3) Von D. Hallervorden, 112 S., kart.
●●
Tolle Sketche
mit zündenden Pointen – zum Nachspielen.
(0656-X) Von E. Cohrs, 112 S., kart. ●
Vergnügliche Sketche
(0476-1) Von H. Pillau, 96 S., 7 Zeichn., kart. ●
Lustige Sketche
Kurze Theaterstücke für Jungen und
Mädchen
(0669-1) Von U. Lietz, U. Lange, 96 S., kart.
●
Spielbare Witze für Kinder
(0824-4) Von H. Schmalenbach, 112 S.,
30 Zeichnungen, kart. ●
Witze
Lachen am laufenden Band **(4241**-8) Von J.
Burkert, D. Kroppach; 400 S., 41 Zeichnun-
gen, Pappband. ●●
Die besten Kalauer
(0705-1) Von K. Frank, 112 S., 12 Zeichnun-
gen, kart. ●
Die besten Beamtenwitze
(0574-1) Von W. Pröve, 80 S., 39 Zeichnun-
gen, kart. ●
O frivol ist mir am Abend
Pikante Witze von Fred Metzler. **(0388**-9)
Von F. Metzler, 128 S., mit Karikaturen, kart.
●
Fips Asmussens Witze
am laufenden Band
(0461-3) 96 S., kart. ●
Spaßvögel
Über sexhundert komische Nummern
(0888-0) Von E. Zeller, mit Limericks Von W.
Müller, 220 S., 200 Vignetten, kart. ●
Heller Wahnwitz
(0887-2) Von D. Kroppach, 220 S., 200 Vignetten, kart. ●
**Die Kleidermotte ernährt sich von nichts,
sie frißt nur Löcher**
Stilblüten, Sprüche und Widersprüche aus
Schule, Zeitung, Rundfunk und Fernsehen.
(0738-8) Von P. Haas, D. Kroppach, 112 S.,
zahlreiche Abb. kart. ●
Witzig, witzig
(0507-5) Von E. Müller, 128 S., 16 Zeichnungen, kart. ●
Die besten Kinderwitze
(0757-4) Von K. Rank, 112 S., 28 Zeichnungen, kart. ●

Ich lach mich kaputt!
Die besten Kinderwitze
(0545-8) Von E. Hannemann, 96 S., 10
Zeichnungen, kart. ●
Lach mit!
Witze für Kinder, gesammelt von Kindern.
(0468-0) Von W. Pröve, 96 S., 17 Zeichnun-
gen, kart. ●
**Die besten Kurzgeschichten von Mark
Twain**
(4458-5) Ausgewählt von D. Zimmer, 128 S.,
Pappband. ●
Kritik des Herzens
**Heiter-besinnliche Verse von Wilhelm
Busch**
(4459-3) Herausgegeben von D. Zimmer,
96 S., Pappband. ●
**Die schönsten Galgenlieder von Christian
Morgenstern**
(4460-7) Ausgewählt von D. Zimmer, 128 S.,
Pappband. ●
Scherz und Satire von Roda Roda
(4462-3) Ausgewählt von D. Zimmer, 112 S.,
Pappband. ●
Beliebte Autoren des 19. Jahrhunderts
Englischer Humor
(4463-1) Ausgewählt von D. Zimmer, 112 S.,
Pappband. ●

Spiele und Denksport

**Neues Buch der siebzehn und vier
Kartenspiele**
(0095-2) Von K. Lichtwitz, 96 S., kart. ●
Alles über Pokern
Regeln und Tricks. **(3024**-4) Von C.D. Grupp,
112 S., 29 Kartenbilder, kart. ●
Rommé und Canasta
in allen Variationen. **(3025**-2) Von C.D.
Grupp, 88 S., 24 Zeichnungen, kart. ●
**Doppelkopf, Schafkopf, Binokel, Cego,
Tarock und andere Stammtischspiele.**
(3015-5) Von C.D. Grupp, 112 S., kart. ●
Black Jack
Regeln und Strategien des Kasinospiels.
(3032-3) Von K. Kelbratowski, 88 S., kart. ●
Spielend Skat lernen
unter freundlicher Mitarbeit des Deutschen
Skatverbandes. **(3005**-8) Von Th. Krüger,
120 S., 181 s/w-Fotos, 22 Zeichn., kart. ●
Falken-Handbuch **Patiencen**
Die 111 interessantesten Auslagen
(4151-9) Von V.Un.Lyncker, 216 S., 108 Abbil-
dungen, Pappband. ●●●
Patiencen
in Wort und Bild. **(3003**-1) Von I. Wolter-
Rosendorf, 120 S., kart. ●
Neue Patiencen
(3036-8) Von H. Sosna, 160 S., 43 Farbtafeln, kart. ●●
Falken-Handbuch **Bridge**
Von den Grundregeln zum Turnierspiel
(4092-X) Von W. Voigt und K. Ritz, 280 S.,
792 Zeichnungen, gebunden. ●●●●
Spielend Bridge lernen
(3012-0) Von J. Weiss, 88 S., 58 Zeichnungen, kart. ●
Präzisions-Treff im Bridge
(3037-6) Von E. Jannersten, 152 S., kart. ●●
Spieltechnik im Bridge
(3004-X) Von V. Mollo und N. Gardener,
deutsche Adaption von D. Schröder, 152 S.,
kart. ●●
Besser Bridge spielen
Reiztechnik, Spielverlauf und Gegenspiel.
(3026-0) Von J. Weiss, 144 S., 60 Diagramme, kart. ●●

Kartentricks
(2010-4) Von T.A. Rosee, 80 S., 13 Zeichnungen, kart. ●
Neue Kartentricks
(2027-9) Von K. Pankow, 104 S., 20 Abb.,
kart. ●
Das japanische Brettspiel Go
(2020-1) Von W. Dörholt, 104 S.,
182 Diagramme, kart. ●
Mah-Jongg
Das chinesische Glücks-, Kombinations- und
Gesellschaftsspiel. **(2030**-9) Von U. Eschen-
bach, 80 S., 30 s/w-Fotos, 5 Zeichn., kart. ●
Backgammon
für Anfänger und Könner. **(2008**-2) Von G.W.
Fink und G. Fuchs, 104 S., 41 Abb., kart. ●
Das Backgammon-Handbuch
(4422-4) Von E. Heyken, M.B. Fischer, 232
S., 400 Abbildungen, Pappband. ●●●●
Würfelspiele
für jung und alt. **(2007**-4) Von F. Pruss, 112
S., 21 s/w-Zeichnungen, kart. ●
Roulette richtig gespielt
Systemspiele, die Vermögen brachten
(0121-5) Von M. Jung, 96 S., zahlreiche
Tabellen, kart. ●
Gesellschaftsspiele
für drinnen und draußen. **(2006**-6) Von H.
Görz, 112 S., kart. ●
Spiele für Party und Familie
(2014-7) Von Rudi Carrell, 80 S., 22 Zeich-
nungen kart. ●
Neue Spiele für ihre Party
(2022-8) Von G. Blechner, 112 S., 54 Zeichnungen, kart. ●
Lustige Tanzspiele und Scherztänze
für Partys und Feste. **(0165**-7) Von E. Bäulke,
80 S., 53 Abb. kart. ●
Das Spiel mit der Schwerkraft
Jonglieren
mit Bällen, Keulen, Ringen und Diabolo
(1009-5) Von S. Peter, 80 S., 149 Farbfotos,
kartoniert. ●●
Magische Zaubereien
(0672-1) Von W. Widenmann, 64 S., 31
Zeichnungen, kart. ●
**Zaubertricks für Anfänger und Fortge-
schrittene**
(0282-3) Von J. Merlin, 160 S., 113 Abb.,
kart. ●●
Zaubern
einfach – aber verblüffend. **(2018**-X) Von D.
Bouch, 84 S., 41 Zeichnungen, kart. ●
Scherzfragen, Drudel und Blödeleien
gesammelt von Kindern. **(0506**-7) Hrsg. von
W. Pröve, 80 S., 57 Zeichnungen, kart. ●
Kinderspiele
die Spaß machen. **(2009**-0) Von H. Müller-
Stein, 104 S., 28 Abb., kart. ●
**Kinderspiele mit Buchstaben und
Wörtern**
(1041-9) Von Dr. U. Vohland, 96 S., 53 Zeich-
nungen, kartoniert. ●
Spiele für Kleinkinder
(2011-2) Von D. Kellermann, 80 S., 23 Abb.,
kart. ●
Spiel und Spaß am Krankenbett
für Kinder und die ganze Familie. **(2035**-X)
Von H. Bücken, 96 S., 97 Zeichnungen, kart.
●
Spiele im Freien
(2038-4) Von G. Wagner, 88 S., 20 zweif.
Zeichnungen, kartoniert. ●
Guten Tag, Kinder!
Neue Texte mit Spielanleitungen fürs
Kasperletheater. **(0861**-9) Von U. Lietz, 96 S.,
18 s/w-Zeichnungen, kart. ●

Kasperletheater
Spieltexte und Spielanleitungen · Basteltips
für Theater und Puppen. (**0641**-1) Von U.
Lietz, 114 S., 4 Farbtafeln, 12 s/w-Fotos, 39
Zeichnungen, kart. ●

Kindergeburtstage, die keiner vergißt
Planung, Gestaltung, Spielvorschläge.
(**0698**-5) Von G. und G. Zimmermann, 104
S., 80 Vignetten, kart. ●

Kindergeburtstag
Vorbereitung, Spiel und Spaß. (**0287**-4) Von
Dr. I. Obrig, 136 S., 40 Abb., 11 Zeichnungen,
9 Lieder mit Noten, kart. ●

Knobeleien und Denksport
(**2019**-8) Von K. Rechberger, 142 S., 105
Zeichnungen, kart. ●

Das Super-Kreuzwort-Rätsel-Lexikon
Über 150.000 Begriffe. (**4279**-5) Von H.
Schiefelbein, 688 S., Pappband. ●●

Riesen-Kreuzwort-Rätsel-Lexikon
über 250.000 Begriffe. (**4197**-7) Von H.
Schiefelbein, 1024 S., Pappband. ●●●

Computerbücher und Software

FALKEN Computer Lexikon
(**4185**-3) 312 S., 173 s/w-Fotos, Pbd. ●●●

Computer-Grundwissen
Eine Einführung in Funktion und Einsatz-
möglichkeiten. (**4302**-3) Von W. Bauer, 176
Seiten, 193 Farb- und 12 s/w-Fotos, 37 Com-
putergrafiken, kart. ●● (4301) Pbd.
●●●●

Grundwissen Informationsverarbeitung
(**4314**-7) Von H. Schiro, 312 S., 59 s/w-Fotos,
133 s/w-Zeichnungen, Pappband. ●●●●●

Computergrafik
Von den Grundlagen bis zum perfekten
3 D-Programm. (**4319**-8) Von A. Brück,
296 S., 20 Farbtafeln, 180 s/w-Grafiken,
50 s/w- Zeichn., 83 Listings, Pappband.
●●●●●

Daten-Fernübertragung
Vom Akustikkoppler bis zum lokalen Netz-
werk
(**4325**-2) Von P.C. den Heijer, R. Tolsma, ca.
288 S., zahlreiche Abb., kartoniert. ●●●●●

Microsoft Excel
Tabellenkalkulationen, Geschäftsgrafik und
Datenbank im Selbststudium für alle Versionen bis 2.1. Mit Tutor-Diskette.
(**4333**-3) Von P. Vogel, M. Hofmann, 176 S.,
112 zweifarbige Abb., kartoniert. ●●●●●

Microsoft Word
Textverarbeitung, MailMerge und Desktop
Publishing im Selbststudium
Für alle Versionen bis 4.0
(**4328**-7) Von A. Görgens, 160 S., 120 Abbil-
dungen, kart. ●●●●

dBASE III PLUS dBASE IV
Der einfache Weg zur individuell program-
mierten Datenbank
Mit Tutor-Diskette
(**4326**-0) Von P. Vogel, Th. Kregeloh, M. Hofmann, 272 S., 63 Abb., kart. ●●●●●

Open Access II
Textverarbeitung, Kalkulation und Datenver-
arbeitung im Selbststudium
(**4327**-9) Von A. Görgens, 184 S., 108 Abbildungen, kart. ●●●●

Desktop Publishing
Setzen und Drucken auf dem Schreibtisch.
(**4323**-6) Von A. Görgens, 120 S., 11
s/w-Fotos, 72 Zeichnungen, kart. ●●●

Garantiert BASIC lernen mit dem C 128
Mit kompletter Kurs-Diskette
(**4321**-X) Von A. Görgens, 288 S., 4
s/w-Fotos, 83 Zeichnungen, kart. ●●●●●

WordStar Praxis professionell
Für die Versionen 3.4/3.45/4.0
Erweiterungen · Praxis-Tips · Datenaustausch
· Desktop Publishing. (**4324**-4) Von A. Gör-
gens, 172 S., 2 s/w-Fotos, 2 s/w- Zeichnun-
gen, 116 s/w-Grafiken, kart. ●●●●

Desktop Publishing: Typographie und Layout
Seiten gestalten am PC. Für Einsteiger und
Profis
(**4330**-9) Von Dr. H. D. Baumann, M. Klein,
ca. 280 S., zahlreiche zweifarbige Abb.,
Pappband. ●●●●●

Einführung in Pascal
Garantiert Pascal lernen durch schrittweise
Erarbeitung
(**4329**-5) Von R. Röder, ca. 160 S., durchgehend zweifarbig, kartoniert. ●●●●

Heimcomputer-Bastelkiste
Messen, Steuern, Regeln mit C 64-, Apple II-,
MSX-, TANDY-, MC-, Atari- und Sinclair-Com-
putern. (**4309**-0) Von G.A. Karl, 256 S.,
160 Zeichnungen, kart. ●●●●

Schach mit dem Computer
(**0747**-7) Von D. Frickenschmidt, 140 S.,
112 Diagramme, 2 s/w-Fotos, 5 Zeichnungen, kart. ●●

Einstellungstests
Die optimale Vorbereitung für Bewerber
(**7013**-6) Wendediskette für C 64/C 128 PC,
mit Begleitheft. ●●●●

Ego-Tests
Sich und andere besser erkennen und verstehen
(**7012**-8) Diskette für IBM PC und kompatible
(MS DOS), mit Begleitheft. ●●●●●*

Schnell und sicher zum
Führerschein
Intensivtraining mit dem amtlichen Fragenkatalog
(**7011**-X) Wendediskette für C 64/C 128 PC,
mit Begleitheft und Fragenkatalog.
(**7024**-1) für Atari ST/1040, mit Begleitheft.
(**7029**-2) für Amiga, mit Begleitheft
●●●●●*

Maschinenschreiben
In 10 Tagen spielend gelernt
IBM PC und Kompatible
(**7008**-X) Disk. für C 64/C 128 PC, ●●●●*

Maschinenschreiben und Tastatur- training für Computer
(**7009**-8) Von B. Hoppius, Diskette 5 1/4'' u.
3 1/2'' für IBM PC + Kompatible, mit Begleitheft. ●●●●●*

Das komplette Schachprogramm
(**7006**-3) Diskette für C 64/C 128 PC, mit
Begleitheft ●●●●●*

Zug um Zug Schach für jedermann 1
Offizielle Schach-Lernsoftware des
Deutschen Schachbundes zur Erringung des
Bauerndiploms
(**7015**-2) Diskette für C 64/C 128 PC mit
Begleitheft.
(**7005**-1) Diskette für Atari ST 520/1040, mit
Begleitheft. ●●●●●*

TEXAD
Text- und Adressenverwaltung
Mit Musterbriefen und Formularen für den
privaten und geschäftlichen Bereich
(**7017**-9) für IBM-PC und Kompatible, Disk.
5 1/4'', mit Begleitheft. Einführungspreis bis
11.10.90 **DM 198,–**; S 1980,–; Fr 193.30,
danach **DM 258,–**; S 2580,–; Fr 251.70.
(**7048**-0) Diskette 3 1/2'', mit Handbuch.
●●●●●
(**7049**-0) Demo-Version 5 1/4'', o. Handbuch. ●●*
(**7050**-0) Demo-Version 3 1/2'', o. Handbuch. ●●*

DOS-Tutor
DOS lernen, üben und beherrschen
(**7020**-9) Diskette 5 1/4'' für IBM PC + Kompatible, mit Begleitheft. ●●●●●
(**7021**-7) Diskette 3 1/2'' für IBM PC + Kompatible, mit Begleitheft. ●●●●●*

Wirtschaftsrechnen in Beruf und Alltag
(**7037**-3) Diskette für IBM PC + Kompatible,
mit Begleitheft. ●●●●●

Vokabeltrainer Englisch
Über 2000 Vokabeln und Redewendungen
(**7001**-2) 2 Disk. für C 64/C 128 PC,
mit Begleitheft
(**7007**-1) Disk. für Atari ST 520/1040,
mit Begleitheft. ●●●●●*

Take a Trip to Britain
Spielend Englisch lernen mit dem Computer
(**7004**-7) Diskette für C 64/C 128 PC,
mit Begleitheft. ●●●●*
(**7039**-X) Diskette 5 1/4'' für IBM PC + Kompatible, mit Begleitheft. ●●●●●*

The Grammar Master
(**7002**-0) für C 64/C 128 PC, mit
Begleitheft. ●●●●*
(**7030**-6) für IBM-PC + Kompatible, mit
Begleitheft. ●●●●●*
(**7031**-4) für Atari ST 520/1040
mit Begleitheft. ●●●●*
(**7032**-2) für Amiga, mit Begleitheft.
●●●●●*

Vokabeltrainer Französisch
Über 2000 Vokabeln und Redewendungen
(**7018**-7) Systemdisk. + Wendedisk. f. C 64/C
128 PC, mit Begleitheft. (**7019**-5) Disk. für
IBM-PC und Kompatible, mit Begleitheft.
●●●●●*

Bon voyage
Spielend Französisch lernen mit dem
Computer
(**7036**-5) Diskette für IBM PC + Kompatible,
mit Begleitheft. ●●●●●*

Vokabeltrainer Latein
Über 2000 Vokabeln und Redewendungen
frei erweiterbar
(**7022**-5) Von B. Hoppius, 2 Wendedisketten
für C 64/C 128 PC, mit Begleitheft.
(**7033**-0) Diskette für IBM PC + Kompatible,
mit Begleitheft. ●●●●●*

Börsenfieber
Spielend spekulieren mit Geld und Aktien
(**7016**-0) Für IBM-PC und Kompatible, Diskette 5 1/4'', mit Begleitheft.
(**7026**-8) für C 64/C 128 PC, mit Begleitheft,
(**7027**-6) für Atari ST 520/1040, mit Begleitheft,
(**7028**-4) für Amiga, mit Begleitheft.
●●●●●
(**7044**-6) für IBM-PC und Kompatible, Diskette
3 1/2'', mit Begleitheft. ●●●●●*
(**7038**-1) für C 64/128 C Kassette, mit
Begleitheft. ●●●●*

Video

Kochschule mit Paul Bocuse
Der Meisterkoch verrät die Geheimnisse der
französischen Küche
(**6016**-5) VHS, 60 Min., in Farbe, mit Begleitheft. ●●●●*

Hobby Aquarellmalen
Landschaft und Stilleben
(**6022**-X) VHS, 40 Min., in Farbe, mit Begleitheft. ●●●●*

Hobby Ölmalerei
Landschaft und Stilleben
(**6025**-4) VHS, 40 Min., in Farbe, mit Begleitheft. ●●●●*

Perfekt Stricken
Neue Techniken Schritt für Schritt
(**6007**-6) VHS, 51 Min., in Farbe, mit
Begleitheft.●●●●*

Hobby Salzteig
Rezepte/Techniken/Modelle
(**6010**-6) VHS, 35 Min., in Farbe, mit Begleitheft. ●●●*

Basteln mit Kindern
(**6041**-6) VHS, 60 Min., in Farbe, mit Vorlagen in Originalgröße, mit Begleitheft. ●●●*

Die Modelleisenbahn
Anlagenbau in Modultechnik
(**6028**-9) VHS, 30 Min., in Farbe. ●●●●*

Karate
Einführung und Grundtechniken
(**6037**-8) VHS, 45 Min., mit Begleitheft. ●●●●*

Fit und Gesund
Körpertraining und Bodybuilding zu Hause
(**6013**-0) VHS, 30 Min., in Farbe, mit Begleitheft. ●●●●*

Pflanzenjournal
Blumen- und Pflanzenpflege im Jahreslauf
(**6036**-X) VHS, 30 Min., mit Begleitheft.
●●●●*

Schnitt und Pflege von Bäumen und Sträu-
chern
(**6050**-5) VHS, 45 Min., in Farbe, mit Begleitheft. ●●●●*

Aktfotografie
Gestaltung/Technik/Spezialeffekte
Interpretationen zu einem unerschöpflichen
Thema
(**6001**-7) VHS, 60 Min., in Farbe, mit Begleit-
heft. ●●●●*

Golf
(**6053**-X) VHS, 60 Min., in Farbe, mit Begleitheft. ●●●●●*

TELE-SKI
Skigymnastik perfekt
(**6052**-1) VHS, 60 Min., in Farbe, mit Begleitheft. ●●●●●*

**Internationale Deutsche Rallye-Meister-
schaft '89**
(**6045**-8) VHS, 60 Min., in Farbe, mit Begleitheft. ●●●●*

Videografieren
Technik/Bildgestaltung/Schnitt/Vertonung
Filmen mit Video 8
(**6031**-9) VHS,
(**6033**-5) Beta, (**6034**-3) Video 8,
60 Min., in Farbe, mit Begleitheft. ●●●●●*

Videografieren perfekt
Profitricks für Aufnahmetechnik und Nachbearbeitung
(**6042**-4) VHS, (**6043**-2) Beta, (**6044**-4)
Video 8, 60 Min., in Farbe, mit Begleitheft.
●●●●●*

Streicheleinheiten für Körper und Seele
Körper Massage
(**6051**-3) VHS, 45 Min., in Farbe, mit Begleitheft. ●●●●●*

Reiseziel New York
Die schönsten Sehenswürdigkeiten, präzise
Informationen, praktische Tips
(**6048**-3) VHS, 60 Min., in Farbe, mit Begleit-
broschüre. ●●●●●*

Reiseziel **Kalifornien**
San Franzisko und die schönsten Ziele in
Kalifornien.
Präzise Informationen und praktische Tips
(**6049**-1) VHS, 60 Min., in Farbe, mit Begleit-
broschüre. ●●●●●*

Reiseziel **Florida**
(**6054**-8) VHS, 60 Min., in Farbe, mit Begleitheft. ●●●●●*

Reiseziel **USA**
(**6055**-6) VHS, 60 Min., in Farbe, mit Begleitheft. ●●●●●*

Reiseziel **Irland**
(**6059**-9) VHS, 60 Min., in Farbe, mit Begleitheft. ●●●●●*

Reiseziel **DDR**
(**6061**-0) VHS, 60 Min., in Farbe, mit Begleitheft. ●●●●●*

Info-Tour USA
Die Highlights aus dem
FALKEN Reiseprogramm
(**6060**--2) VHS, 30 Min., in Farbe,
mit Begleitheft. ●

Gesund durch Gedankenenergie
Heilung im gemeinsamen Kraftfeld
(**6035**-1) VHS, 45 Min., in Farbe, mit Begleitheft. ●●●●●*

Körpersprache
verstehen und deuten
(**6046**-7) VHS, 60 Min., in Farbe, mit Begleitheft. ●●●●●*

Das erfolgreiche Vorstellungsgespräch
(**6047**-5) VHS, 60 Min., in Farbe, mit Begleitheft. ●●●●●*

Bestellschein

Erfüllungsort und Gerichtsstand für Vollkaufleute ist der jeweilige Sitz der
Lieferfirma. Für alle übrigen Kunden gilt dieser Gerichtsstand für das Mahn-
verfahren. Falls durch besondere Umstände Preisänderungen notwendig
werden, erfolgt Auftragserledigung zu dem bei der Lieferung gültigen Preis.

Ich bestelle hiermit aus dem Falken-Verlag GmbH, Postfach 11 20, D-6272 Niederhausen/Ts., durch die Buchhandlung:

_____ Ex.

_____ Ex.

_____ Ex.

_____ Ex.

Name: _____   Datum: _____

Straße: _____

Ort: _____   Unterschrift: _____

Falken-Verlag GmbH · Postfach 1120   **D-6272 Niedernhausen/Ts. · Tel.: 0 61 27/70 20**